Heinz Sielmann
und
Claudia Toll

Meerschweinchen
erleben, verstehen, beschäftigen

KOSMOS

Wir lernen uns kennen – was Meerschweinchen alles brauchen 4

Wir spielen zusammen – was Meerschweinchen gerne machen 26

Wir beobachten und entdecken – was Meerschweinchen alles können 46

In der Umschlagklappe

Inhalt

Mit Heinz Sielmann zu den wilden Verwandten der Meerschweinchen

Service 62

So fühlen sich Meerschweinchen wohl
> 6

Mit Heinz Sielmann zu den wilden Verwandten der Meerschweinchen
> 9, 13, 19, 23

Was Meerschweinchen gerne fressen
> 15

So werden Meerschweinchen zutraulich
> 16

Wir lernen uns kennen

Was Meerschweinchen alles brauchen

So fühlen sich Meerschweinchen wohl

Meerschweinchen gehören zu den beliebtesten Heimtieren. Kein Wunder, mit den großen, dunklen Augen, klein, rundlich und so friedlich! Zwar sind sie leicht zu erschrecken und retten sich hastig in Verstecke, wenn ihnen etwas nicht geheuer ist. Aber sie sind auch munter und neugierig. Sobald sich etwas bewegt, kommen sie an. Sie schnuppern, die Nase in die Luft gereckt, heben die Köpfe, wenn sie etwas hören. Und sie sind bewegungsfreudig: Sie rennen gern – und erstaunlich schnell. Wenn sie all ihre Fähigkeiten ausleben können, zeigen sie, was wirklich in ihnen steckt.

Tipp

Meerschweinchens Tagesablauf

Wer wird schon gerne zum Spielen geweckt, wenn doch Schlafenszeit ist? Meerschweinchen haben wie alle Lebewesen ihren eigenen Biorhythmus. Wann sind sie besonders aktiv? Wann ziehen sie sich zum Schlafen zurück? Sind sie auch nachts wach? Ist das bei allen gleich? Finden Sie durch Beobachten über mehrere Tage heraus, wie das mit Ihren Schweinchen ist, und legen Sie einen 24-Stunden-Plan an. Dann können Sie sich nach den Tieren und ihrer Lust und Laune richten.

Beobachten und entdecken

Doch wie lernen Sie Ihre Meerschweinchen kennen? Ganz einfach: Indem Sie sie immer wieder beobachten! Das macht viel Spaß und ist spannend. An Tieren, die ihr Leben stumpfsinnig in einem kleinen Käfig verbringen müssen, gibt es wenig zu sehen. Deshalb ist es wichtig zu wissen, was die Tiere für ein artgerechtes Meerschweinchenleben brauchen, was sie alles können, wie sie die Welt ringsum – und damit auch Sie – wahrnehmen. Meerschweinchen passen sich gut an, aber sie haben natürlich Bedürfnisse.
Sie sind leicht zu verstehen: Sie geben viele Töne von sich, je nach Stimmung, und aus ihrem Verhalten und ihrer Körpersprache ist zu erkennen, wie sie sich fühlen. Aber sie sind auch sehr zurückhaltend, wenn ihnen etwas fehlt. Sie wehren sich nicht, wenn sie nicht

Meerschweinchen brauchen Gesellschaft. Nur dann fühlen sie sich wohl, und all die Verhaltensweisen kommen zum Ausdruck, die ein einzeln gehaltenes Tier nie zeigen kann. Es geht gleich viel interessanter zu in der Gruppe.

richtig behandelt werden. Ein Meerschweinchen, dem es jedoch gut geht, kann bis zu acht, neun Jahre seines Lebens mit Ihnen verbringen. Das sollen angenehme Jahre für alle werden.

Viel Zeit für kleine Tiere

Wenn Sie die Tiere beobachten und sich mit ihnen beschäftigen, bringen Sie Zeit und Ruhe mit. Die brauchen Sie vor allem am Anfang, um die Tiere einzugewöhnen. Meerschweinchen sind zunächst scheu. Oft lassen sie sich gar nicht anfassen. Sie rennen weg oder erstarren vor Angst. Sollen sie zutraulich werden, dürfen Sie sie nicht durch den Käfig hetzen oder einfach nach ihnen greifen. Fast jedes mit Rücksicht und Behutsamkeit behandelte Meerschweinchen wird schließlich zahm und kommt von selbst an, wenn es gerufen wird oder seinen Menschen hört.

Meerschweinchen brauchen Gesellschaft

Natürlich können Meerschweinchen nur dann das ganze Spektrum ihres Verhaltens zeigen, wenn sie nicht alleine leben. Denn die meiste Zeit ihres Lebens verbringen die Tiere, außer mit Fressen und Schlafen, mit Sozialkontakten. Jedes Schweinchen braucht Artgenossen, und zwar möglichst zwei! Das ist dann eine kleine Gruppe, in der es gleich viel lebhafter zugeht. Auch für Sie als Beobachter wird es interessanter. Ein allein gehaltenes Tier wird nie ein glückliches Tierleben führen. „Einzelhaltung bei Meerschweinchen ist Tierquälerei", sagt Norbert Sachser, Professor für Verhaltensbiologie an der Universität Münster.

schon gewusst?

So halten Sie Böckchen richtig

Lassen Sie ein Böckchen nur kastrieren, wenn es mit Weibchen zusammen sein soll. In einer reinen „boy-group" vertragen sich die Tiere fast immer gut. Sie brauchen aber ein großes Vivarium mit Rückzugsmöglichkeiten, und es darf weit und breit niemals auch nur ein Weibchen zu sehen, zu hören oder zu erschnuppern sein!
Behalten Sie die Bande im Auge.
Meerschweinchen können schon mit vier Wochen geschlechtsreif werden. Es ist möglich, Böcke früh kastrieren zu lassen. Informieren Sie sich ausführlich über Vor- und Nachteile. Die Operation ist für die meisten Tierärzte mittlerweile Routine. Dennoch ist sie für die kleinen Tiere ein heftiger Eingriff, ein Risiko bleibt. Die Schweinchen bekommen nach der Operation Medikamente, und Hygienemaßnahmen sind zu beachten. Die Böcke können noch sechs bis acht Wochen nach dem Eingriff fortpflanzungsfähig sein.

So unterscheiden Sie die Geschlechter bei jungen Tieren: Beim Böckchen tritt bei einem leichten Druck mit zwei Fingern der Penis etwas hervor. Ältere unkastrierte Böckchen sind besser zu erkennen durch die deutlichen Hoden.

Männchen oder Weibchen?

Damit alles gleich gut klappt, ist es am einfachsten, Wurfgeschwister zu sich zu nehmen oder Tiere, die sich von klein auf kennen. Auch ältere Meerschweinchen gewöhnen sich aneinander. Bleibt ein Tier allein übrig, muss es wieder mit Artgenossen zusammenkommen. Wird es in eine Gruppe gesetzt, klären die Tiere die Rangordnung neu. In den meisten Fällen raufen sie sich zusammen, das Sippenleben spielt sich ein. Dann herrscht Ruhe, es gibt keinen Stress, weder für die Ranghohen noch für die Rangniedrigen, so Professor Norbert Sachser. Das Sozialverhalten wird schon ganz früh gelernt.
Zwei Weibchen und ein Männchen sind eine gute Kombination. Dann muss das Böckchen kastriert sein! So niedlich Meerschweinchen-Nachwuchs ist: Es gibt einiges zu beachten. Informieren Sie sich sorgfältig, bevor Sie zulassen, dass sich Ihre Tiere unkontrolliert vermehren. Adressen der Zuchtverbände erfahren Sie von den Vereinen der Meerschweinchenfreunde (siehe Seite 62).

Wildmeerschweinchen (Foto unten) sind deutlich leichter und schlanker, und sie haben einen langgestreckteren Körper als die rundlichen Hausmeerschweinchen. Das macht sie auch beweglicher und schneller.

Mit Heinz Sielmann zu den wilden Verwandten der Meerschweinchen

Das Leben in der Sippe

Die Heimat der wilden Vorfahren unserer Hausmeerschweinchen ist Südamerika. Wildmeerschweinchen sind schlanker, leichter, schneller und gewandter und haben geschärftere Sinne als Hausmeerschweinchen. Die Ohren sind kleiner, der ganze Kopf ist kleiner und spitzer. Die Farbe des Fells ist ein Braungrau, das heller oder dunkler sein kann. Diese agoutifarbenen Tiere gibt es auch unter Hausmeerschweinchen.

Die Tiere leben in Sippen, das sind kleine Harems mit dem Alpha-Bock und zwei, drei Weibchen mit ihren Jungtieren. In dieser Sippe herrscht eine Rangordnung. Nur ein einziger erwachsener Bock wird geduldet. Wird der männliche Nachwuchs geschlechtsreif und versucht ein kräftigeres junges Männchen, dem Sippenoberhaupt seinen Rang streitig zu machen, kommt es zu Rangordnungskämpfen. Sie sind zwischen diesen kleinen Tieren gar nicht so harmlos. Die Böckchen hacken mit den Nagezähnen aufeinander ein. Die heranwachsenden Männchen müssen also immer die Gruppe verlassen. Wenn es einem vertriebenen Männchen nicht gelingt, dann selbst Weibchen um sich zu scharen, wird es, ohne den Schutz der Gruppe, früher oder später einem Beutegreifer, d.h. einem Raubtier, zum Opfer fallen.

Auseinandersetzungen um die Rangordnung kennen auch Hausmeerschweinchen. Bei ihnen ist die Aggressivität aber reduziert.

Platz zum Rennen und Toben

Meerschweinchen haben ein großes Bewegungsbedürfnis. Vor allem die Jungen rennen wild, zwischendurch machen sie Flohhüpfer: Sie „popcornen"! Auch erwachsene Tiere wollen laufen. Wenn Sie den Meerschweinchen dabei zusehen, wie sie immer wieder in Rennanfällen umherflitzen, erkennen Sie sofort: Diese Tiere brauchen ein sehr großes Gehege, den größten Käfig, den es gibt: Fragen Sie nach Kaninchenkäfigen. Mit galvanisch verzinkten oder matt verchromten Gitterstäben, einer Tür oben, einer Tür vorne. Drei Tiere beanspruchen eine Grundfläche von mindestens 150 mal 70 bis 80 Zentimeter, Höhe etwa 40 Zentimeter. Eine zweite Ebene vergrößert die Grundfläche. Ein artgerecht und vielseitig ausgestattetes Gehege wird zum Vivarium, einem richtigen Lebensraum.

Tipp

Der richtige Käfigstandort

Vivarium oder Käfig stellen Sie an einem erhöhten Platz in einer zugfreien Ecke ohne Sonneneinstrahlung auf. Meerschweinchen, die ein ausreichend großes Gehege bewohnen, brauchen keinen Auslauf in einem Zimmer, das sowieso nicht nach ihren Vorstellungen eingerichtet ist. Bei einem kleineren Käfig ist ein angrenzender und jederzeit erreichbarer Auslauf Bedingung. Wie Sie Käfig bzw. Vivarium einrichten, lesen Sie ab Seite 30.

Rasseschweinchen – glatt oder wirbelig?

Meerschweinchen gibt es im Zoofachhandel, im Tierheim, beim Züchter, auf Ausstellungen. Zur Auswahl stehen viele Rassen und Farbenschläge wie etwa: Angora, Agouti, Texel, Peruaner, English Crested, Rosette, Rex oder Russe. Langhaarrassen können ihr Fell nicht ausreichend selbst pflegen. Im langen Fell bleiben Einstreu und Kot hängen! Fellpflege bedeutet Stress, denn Sie müssen die Tiere in die Hand nehmen. Entscheiden Sie sich lieber für glatthaarige Tiere oder Rosettenmeerschweinchen. Das Fell dieser Tiere muss nicht gepflegt werden und verschmutzt nicht so leicht. Wenn Sie ein junges Tier kaufen, sollte es nicht jünger als acht Wochen sein.

Gesunde Schweinchen sind munter und neugierig. Ein regelmäßiger Check ist die beste Gesundheitsvorsorge. Dabei wird jedes Tier von Kopf bis Fuß untersucht. Ganz wichtig: Die Zähne müssen gleichmäßig und gerade wachsen.

Check

Sind meine Meerschweinchen gesund?

- Körper rundlich, nicht knochig, Rücken nicht gewölbt.
- Fell glänzend, ohne kahle Stellen, nicht schuppig, bei Wirbeln: locker.
- Augen weit geöffnet, klar, nicht verklebt oder tränend.
- Ohren sauber, nicht verkrustet. Nase trocken.
- Zähne gleichmäßig, nicht gebogen, nicht lang. Hinterteil und Bauch ohne Verunreinigungen und trocken.
- Füße sauber, nicht schuppig, Ballen glatt, Krallen kurz.

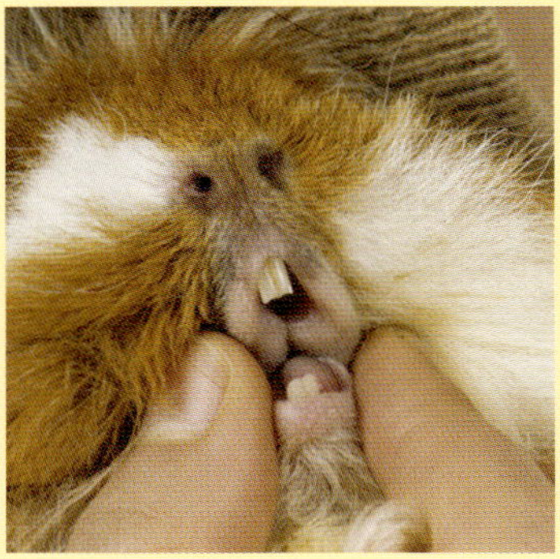

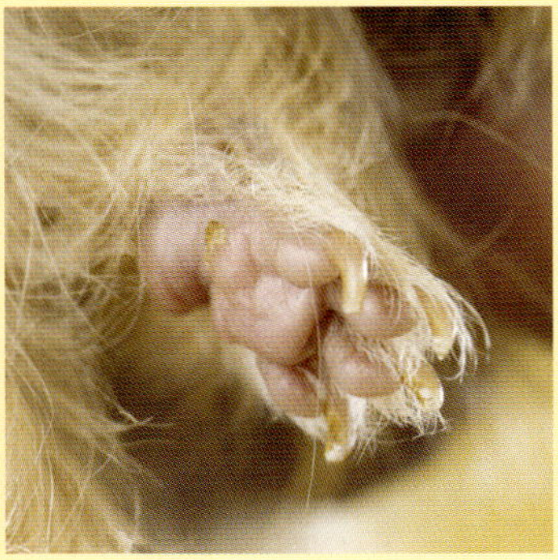

schon gewusst?

Meerschweinchen brauchen Vitamin C

Meerschweinchen können, wie der Mensch, kein körpereigenes Vitamin C bilden. Da es lebensnotwendig ist, muss es über die Nahrung aufgenommen werden. Welches Obst und Gemüse enthält besonders viel Vitamin C? Zum Beispiel: Schwarze Johannisbeeren, Paprika, Brokkoli, Sanddornbeeren. Vielseitig und ausgewogen mit viel Frischfutter ernährte Meerschweinchen brauchen keine Vitamintropfen und weder Salzleckstein noch Mineralstein.

Futtern, mümmeln, knabbern, nagen

Was verrät der Tagesablauf der Meerschweinchen? Wie viel Zeit verbringen sie mit Fressen? Sie mümmeln vom Heu, machen sich über Möhre und Gurke her, nagen an Ästen und Zweigen.

Frisches Gemüse, Kräuter und Obst mögen Meerschweinchen gerne. Abwechslungsreich gefüttert, bekommen sie alles, was sie an lebenswichtigen Nährstoffen brauchen. Grundnahrungsmittel ist Wiesenheu, schön grün und gut duftend.

Viele kleine Portionen Futter, verteilt über den Tag, nehmen Meerschweinchen zu sich. Wildmeerschweinchen müssen sich für die Suche nach Futter jedoch viel mehr anstrengen als unsere Hausmeerschweinchen.

Mit Heinz Sielmann zu den wilden Verwandten der Meerschweinchen

Immer hungrig

Wildmeerschweinchen sind in ihren Aktivphasen in den Dämmerungsstunden am frühen Morgen und am Abend vor allem mit der Nahrungsaufnahme beschäftigt. Hauptbestandteil ihrer Nahrung ist das Andengras. Es ist besonders reich an Vitaminen. Außerdem fressen sie Blätter, Samen, Früchte und Blüten.

Alles, was die kleinen Tiere an Nahrung zu sich nehmen, ist saftig und enthält zudem viele Ballaststoffe, es ist also rohfaser-, aber nicht sehr nährstoffreich. Deshalb müssen die Meerschweinchen insgesamt große Mengen, allerdings verteilt auf mehrere kleine Portionen, zu sich nehmen. Sie bringen es leicht auf sechzig und mehr Mahlzeiten. Auf der Suche nach frischem Futter machen sie ihre Streifzüge. Und wenn sie dabei auch keine besonders langen Strecken zurücklegen, sind sie doch immer in Bewegung. Bei so einer Lebensweise müssen sie sich nicht auch noch darum kümmern, wie sie fit und munter bleiben. Außerdem drohen ihnen in ihrer Umgebung viele Gefahren, immer wieder muss die ganze Meerschweinchensippe oder -kolonie losrennen, um sich in Sicherheit zu bringen. Wildmeerschweinchen können mehr als siebzig Zentimeter in die Höhe springen. Und wenn die Tiere laufen, mit schwungvoll federndem Gang und auffallend hochbeinig, ist deutlich zu sehen, dass sie beweglicher sind als unsere Hausmeerschweinchen.

Meerschweinchen ziehen sich zum Fressen auch häufig in eine ruhige Ecke zurück, damit ihnen kein anderes Tier das Futter streitig macht. Nach dem Fressen kommt das Putzen, vor allem, wenn es etwas Saftiges gegeben hat.

Wenn sie sich viel bewegen, werden sie nicht dick, vorausgesetzt, ihnen wird kein „Knabberzeugs" zugesteckt. Fast alles, was es da für sie zu kaufen gibt, enthält Zucker, Fett und Farbstoffe. Verteilen Sie Leckerbissen lieber in Form von kleinen, gesunden Futterhäppchen: Gemüsestückchen, Gräser, Kräuter, Obst.

Meerschweinchen haben einen Stopfdarm, die Verdauung funktioniert nur, wenn oben ständig etwas nachgeschoben wird. Sie müssen immer fressen. Fasten ist für sie lebensbedrohlich. Sie können also nicht über ein Wochenende allein bleiben. Es muss jemand gefunden werden, der Futter nachlegt. Worauf Sie achten müssen: Frisst ein Tier nicht mehr, kann es krank sein oder Probleme mit den Zähnen haben. Gesunde Meerschweinchen sehen Sie immer wieder fressen. Wiegen Sie sie regelmäßig, vor allem Tiere mit langem Fell oder Wirbeln.

Tipp

Futterumstellungen

Nehmen Sie Futterumstellungen immer nur langsam und schrittweise vor, da es sonst zu Verdauungsstörungen kommen kann. Mischen Sie eine kleine Menge des neuen Futters unter die gewohnte Kost und steigern Sie die Menge jeden Tag.

Fütterungszeiten

Meerschweinchen lernen schnell, wann es Futter gibt. Halten Sie ziemlich regelmäßige Fütterungszeiten ein, werden Sie bald mit lautem Quieken begrüßt. Morgens gibt es als erstes frisches Heu, damit ist die Meerschweinchenbande erst einmal gut beschäftigt. Danach erst füttern Sie frisches Grünzeug. Möhre kann es immer geben. Dazu jeden Tag noch etwas anderes. Meerschweinchen haben ihre Vorlieben. Bieten Sie abwechselnd alles an, immer von allem nur wenig und stellen Sie nie abrupt um. Körnerfutter ist bei ausgewogener Ernährung mit Gemüse, frischem Heu und Kräutern nicht nötig. Nur junge oder kranke Tiere oder trächtige Weibchen bekommen etwas – wirklich nur etwas! Ein Esslöffel für jedes Tier genügt. Getreide gehört nicht zur Meerschweinchennahrung. Körner bleiben oft sogar liegen, wenn es Frischkost gibt.

Was Meerschweinchen gerne fressen

Basisfutter Heu

Hochwertiges Heu ist grün, es duftet würzig, hat lange Stängel, enthält Gräser mit Rispen. Es liegt locker, ist trocken und staubt nicht.

Gemüse

1 kleine oder ½ große Möhre, täglich frisch, mit wenig Kraut, Fenchel, Paprika, Chicoree, Tomate ohne Grün, wenig Gurke, wenig frischer Mais (macht dick), Topinambur, Rote Beete, Zucchini, Steckrübe.

Salat

Füttern Sie Salat – oder auch Spinat – nur aus kontrolliertem Anbau und immer nur wenig: Endivien-, Eisberg-, Kopf- und Feldsalat.

Kohl

An alle Sorten müssen die Schweinchen langsam gewöhnt werden: Grünkohl (viel Vitamin C !), nur wenig: Wirsing, Chinakohl, Brokkoli.

Obst

¼ Apfel (ohne Kerne) jeden zweiten Tag, im Wechsel und nicht jeden Tag: Beeren (eine genügt: Johannis-, Him-, Brombeeren, eine kleine Erdbeere), wenig süße Früchte wie Birne, Kirsche, Melone, Weintrauben ohne Kerne (aus kontrolliertem Anbau), Zwetsche, Banane, wenig Kiwi (auch die Schale von Früchten aus kontrolliertem Anbau), Mandarine.

Kräuter

Petersilie, Löwenzahn (Blätter, Blüten), Gräser, Huflattich, Melisse, Salbei, junge Giersch- und Brennnesselblätter, Rotklee, Ringelblume, Gänseblümchen, Wegerich, Luzerne, Schafgarbe, Vogelmiere.

Zweige

Zweige werden täglich frisch gereicht: Apfel, Hasel, Birke, Erle, Fichte.

Trinkwasser

Täglich frisches Wasser: Das bekommen Meerschweinchen am besten aus einem Wasserspender (mittlere Größe) fürs Vogelheim. In einem Napf verschmutzt das Wasser leicht, eine Nippeltränke zwingt die Tiere zu einer starren Kopfhaltung.

Fertigfutter

Viele Anteile im Fertigfutter werden nicht gefressen. Stellen Sie die Mischung aus getrockneten Kräutern und Trockengemüse, eventuell noch Pellets, selbst zusammen.

So werden Meerschweinchen zutraulich

Fast alle Meerschweinchen sind am Anfang noch scheu und schreckhaft. Wenn die Tiere bei Ihnen zu Hause angekommen sind, lassen Sie ihnen Zeit, sich ungestört und ausgiebig in ihrem vollständig eingerichteten Gehege zurechtzufinden. Auch wenn es manchmal anders empfohlen wird: Unterschlupfe müssen von Anfang an sein! Wenn Sie nach den Meerschweinchen schauen, gehen Sie auf Distanz, sprechen Sie immer mit leiser, ruhiger Stimme zu ihnen.

Nähern Sie sich den Meerschweinchen in den nächsten Tagen immer mehr und bleiben Sie für eine ganze Weile am Gehege stehen. Bewegen Sie sich langsam und ruhig, vermeiden Sie abrupte Bewegungen. Respektieren Sie, wenn sich die Tiere zurückziehen. Wenn Sie kommen, können Sie jedes Mal schon ein Erkennungszeichen einführen, zum Beispiel einen bestimmten Pfiff. Über Futter, vor allem das Lieblingsfutter, klappt die Eingewöhnung immer am besten. Da sind Meerschweinchen bestechlich.

Halten Sie den Meerschweinchen ein Futterstückchen (Gurke, Fenchel) hin, nur ein kleines Häppchen. Warten Sie ab, halten Sie die Hand still. Was Sie jetzt brauchen, ist Geduld. Es kann eine Weile dauern, Sie werden es sicher immer wieder versuchen müssen, irgendwann werden sich die Meerschweinchen nähern. Oder eins von ihnen, das Mutigste. Lassen Sie es einfach das Futter von Ihrer Hand nehmen. Es wird sich damit wahrscheinlich gleich wieder zurückziehen.

Wenn sich die Meerschweinchen daran gewöhnt haben, einen kleinen Leckerbissen aus der Hand zu nehmen, legen Sie mehrere davon auf die Handfläche. Jetzt müssen die Schweinchen länger bleiben, wenn sie fressen wollen. Oder sie müssen immer wieder kommen. Dann versuchen Sie, die Tiere behutsam mit einem Finger zu streicheln. Oder legen Sie das Futter weiter hinten auf die Handfläche, sodass die Meerschweinchen mit den Pfötchen auf Ihre Hand kommen.

Der nächste Schritt ist das längere Streicheln. Ziehen Sie gleich die Hand zurück, wenn ein Meerschweinchen davonrennt. Versuchen Sie es nach einer Weile wieder. Ein Meerschweinchen wird nicht in die Hand genommen, wenn es nicht von selber kommt. Eine Ausnahme ist es natürlich, wenn Sie ihm zum Beispiel Medikamente eingeben müssen.

Der Erfolg: zutrauliche Meerschweinchen, die sich entspannt streicheln lassen. Es gibt aber Tiere, die scheu bleiben, die nur herankommen, um sich Futter zu holen, sich aber nie anfassen lassen. Andere Meerschweinchen lassen sich nur am Kopf streicheln. Und es gibt auch die Tiere, die sich unter der Berührung lang machen, die die Vorderpfötchen nach vorne ausstrecken und gähnen. Und die, die in Ruhe weiterfressen und sich gar nicht stören lassen.

Meerschweinchen richtig verstehen

Mit allen Sinnen: Wenn Meerschweinchen den Kopf heben und in alle Richtungen drehen, schnuppern und lauschen sie gleichzeitig. Hören und riechen können sie am besten. Sie können aber auch gut sehen, vor allem, wenn sich etwas bewegt.

Die bunte Welt der Meerschweinchen

Sehen

Wenn Meerschweinchen etwas Neues begegnet, werden sie sofort aufmerksam. Sobald sich etwas in ihrem Blickfeld auch in einiger Entfernung bewegt, sehen sie in die Richtung. Durch die seitwärts am Kopf liegenden Augen ist ihr Gesichtsfeld erweitert. Auch in der Dämmerung können sie gut sehen, ihre wilden Verwandten sind ja dämmerungsaktiv. Dass sie sogar Farben unterscheiden können, lässt sich in einem kleinen Test bestätigen, wenn die Meerschweinchen mitspielen mögen (Seite 50).

Riechen und Tasten

Alles, was näher an sie heranrückt, können sie nicht genau fixieren, aber beschnuppern. Sie schnuppern mit ständig leichten Auf- und Abbewegungen des Kopfes. Und je nachdem, was ihnen der Geruch sagt, geben sie dabei auch Töne von sich. Sie beschnüffeln sich gegenseitig, Nase an Nase oder Nase an Hinterteil. Befreundetes oder fremdes Tier? Das wird sofort registriert. Wenn Sie einen anderen Geruch an sich haben, werden Ihre Tiere das bemerken. Meerschweinchen haben feine Tasthaare. Mit diesen sensiblen Vibrissen erspüren sie noch im Dunkeln, wo es lang geht.

Schmecken

Auch der Geschmackssinn ist gut ausgebildet. Das zeigt sich bereits bei der deutlichen Ablehnung des einen und der Vorliebe für das andere Futter. Wenn es nach den Meerschweinchen ginge, würden sie am liebsten nur Leckerbissen wie frische Gräser mit Rispen oder saftige Kräuter von der Wiese fressen.

Hören

Ihr wichtigster Sinn ist das Gehör. Tiere, die ständig selbst so viel zu erzählen haben, können natürlich gut und differenziert hören. Ein noch so leises unbekanntes Geräusch bringt ein Meerschweinchen sogleich dazu, den Kopf zu heben und zu lauschen. Bei manchen

Wenn Meerschweinchen unterwegs sind, laufen sie im Gänsemarsch. Jedes Schweinchen hat auf diese Weise Kontakt zum vor und hinter ihm laufenden Meerschweinchen, und das hält die ganze Gruppe zusammen.

Mit Heinz Sielmann zu den wilden Verwandten der Meerschweinchen

Gefährliches Leben Die kleine Gruppe der Tiere bewegt sich durch das hohe Gras. Auf Trampelpfaden laufen die Wildmeerschweinchen dicht hintereinander. Ein kaum wahrnehmbares Geräusch lässt sie aufhorchen und verstummen, sie wenden die Köpfe in die Richtung, aus der das Geräusch kommt. So kleine, wehrlose Tiere wie Meerschweinchen fallen in ihrer ursprünglichen Umgebung immer wieder Beutegreifern zum Opfer. Deshalb hat die Natur diese Tiere mit besonders scharfen Sinnen ausgestattet. Der Gehörsinn ist am ausgeprägtesten. Im Innenohr befinden sich weitaus mehr Hörzellen als beim Menschen. Meerschweinchen nehmen noch Töne in einem Bereich von über 30 kHz wahr. Beim Menschen sind es bis zu 20 kHz. Diese hohen Töne können so leise sein wie das Schleichen eines nahenden Tieres oder der Flügelschlag eines Greifvogels. Hören sie etwas Unbekanntes, scheinen Meerschweinchen zunächst zu erstarren. Sie lauschen aber nur umso intensiver. Können sie das Geräusch nicht sofort als bekannt oder als unbedrohlich einordnen, rennen sie um ihr Leben. Sie wissen instinktiv, dass alles zu spät ist, wenn von oben ein Schatten herabsinkt.

Diesen Instinkt haben die Nachfahren der Wildmeerschweinchen nicht verloren. Jeder Zugriff mit der Hand – vor allem, wenn er auch noch von oben erfolgt – bedeutet: Jetzt hat es sie erwischt! Der Stress für die Tiere ist dann sehr groß!

Zwischen Meerschweinchen kommt es auch immer wieder zu Körperkontakt, sie stupsen sich an, sie beschnuppern sich. Vor allem aber bleiben sie miteinander im Gespräch und signalisieren den anderen in der Gruppe, wo sie gerade sind.

!

Halten Sie Meerschweinchen und Kaninchen nur zusammen, wenn beide Tierarten in Gruppen leben, wenn sehr viel Platz für alle ist, wenn ihre sehr unterschiedlichen Bedürfnisse und Verhaltensweisen berücksichtigt werden! Das ist nur bei der Außenhaltung gewährleistet.
Halten Sie niemals ein einzelnes Meerschweinchen und ein Kaninchen zusammen! Die Tiere verstehen sich nicht, jedes ist für sich einsam.

Geräuschen werden sie unruhig und beginnen zu grummeln, rasen vielleicht in Panik davon. Umgekehrt fängt ein munteres Pfeifkonzert an, wenn die Tiere hören, wie Sie etwa mit einer Tüte rascheln.

Gesprächige Meerschweinchen

In ihrer kleinen Gruppe haben Meerschweinchen immer Kontakt zueinander. Wenn sie unterwegs sind, bei ihren Spaziergängen durchs Vivarium oder Gehege, laufen sie im Gänsemarsch. Bleibt ein Meerschweinchen stehen, verharren auch die folgenden (Fotos siehe Seite 19).
Sonst sind Meerschweinchen mehr auf Distanz bedacht. Zwar schlafen sie beim Rudel-Liegen auch nebeneinander im Heu. Aber sie lecken sich nur selten gegenseitig die Ohren oder das Fell. Sie scheinen jedoch viel miteinander zu besprechen zu haben, Meerschweinchen sind ständig dabei, etwas zu erzählen. Das ist ihre Art, den Kontakt zu halten und ihre Stimmung zu zeigen. Ein stilles Meerschweinchen zeigt, dass es sich nicht wohl fühlt.

Was sie zu sagen haben

Meerschweinchen geben die verschiedensten Töne auch in ziemlicher Lautstärke von sich, und alle haben eine Bedeutung. Zu den Tönen kommt noch die Körpersprache. Kein anderes der kleinen Heimtiere ist so gesprächig. Es ist auch gar nicht so schwer, Meerschweinchen zu verstehen. Sie werden mit der Zeit herausfinden, was Ihre Tiere Ihnen zu sagen haben – vor allem aber, was sie untereinander so meinen. Ihr Pfeifen, Gurren oder Zähneknirschen lässt sich je nach Situation deuten.

So sprechen Meerschweinchen

Pfeifen oder Quieken
Diese Töne, die sehr hoch sind und laut werden können, geben Meerschweinchen vor allem dann von sich, wenn sie ihren Menschen – oder vielmehr: das Futter, das er mitbringt – begrüßen.

Klägliches Quieken
Eigentlich sind diese Töne nur von Jungtieren zu hören, die sich von ihrer Mutter verlassen fühlen.

Grummeln
Zusammen mit einem Anheben und Hin- und Herwenden des Kopfes und gleichzeitigem Verharren bedeutet das Grummeln Beunruhigung, es folgt häufig auf unbekannte Geräusche.

Glucksen oder leises Grunzen
Ist oft zu hören, wenn Meerschweinchen im Heu liegen und sich wohl fühlen. Oder auch wenn sie ihre Rundgänge machen.

Zähneknirschen
Dem Meerschweinchen behagt etwas nicht, oder es hat Schmerzen.

Zähnewetzen
Wenn das Zähneknirschen immer heftiger wird, mit Heben des Kopfes und Trippeln einhergeht, ist das eine deutliche Warnung!

Knattern, rasselndes Gurren
Zusätzlich zum Zähnewetzen ist das noch eine Stufe verschärfter. Gleich könnte das Meerschweinchen angreifen.

Knarren
Ist vor allem von Meerschweinchenböcken zu hören, die ein Weibchen umgurren.

Chirpen
Selten zu hören. Wahrscheinlich geben Meerschweinchen unter Frust oder Stress diese Töne von sich, die ähnlich wie das Schimpfen einer Amsel klingen und lange anhalten können. Der ganze Tierkörper bebt dabei.

Stolzieren, sich groß machen
Imponiergehabe der Männchen vor einem Weibchen.

Ducken, lang machen
Vorsicht, Erkunden.

!

Greifen Sie nicht dazwischen, wenn zwei Meerschweinchen sich streiten. Im Eifer des Gefechts achten die Tiere nicht mehr darauf, wen sie mit ihren Nagezähnen hacken. Trennen Sie die Tiere mit einer Pappscheibe oder ziehen Sie dicke Lederhandschuhe an. Von einem Meerschweinchen gebissen zu werden, kann nicht nur schmerzhaft sein, sondern auch nicht ganz ungefährlich, die Tiere haben immer Nahrungsreste an den Zähnen.

Streit gibt es auch unter Meerschweinchen: Zum Beispiel um Futterstückchen, die sie sich sogar gegenseitig aus dem Schnäuzchen ziehen. Auseinandersetzungen verlaufen nach Regeln, erst wird gedroht, dann wird gehackt.

Wenn Meerschweinchen streiten

So friedlich Meerschweinchen sind, es kommt auch zu Streit. Vor allem, wenn Tiere neu vergesellschaftet werden. Seine Dominanz zeigt ein Meerschweinchen durch Brommseln und Besteigen des rangniedrigeren Tieres. Aber ist da noch mehr zu klären, gehen die Tiere auch aufeinander los. So lange die Auseinandersetzung zwar lautstark abläuft, mit Drohverhalten, Zähneknirschen, Stupsen, auch wenn mal gehackt wird oder sogar mal ein Ohr blutet, ist ein Eingreifen nicht nötig. Die Tiere sollten dann auch nicht getrennt werden. Finden sie aber kein Ende, fauchen sich an, verbeißen sich sogar, passen sie nicht zusammen. Kämpfende Böcke zeigen ein typisches Verhalten: Sie bauen sich voreinander auf, machen sich groß, ein Pfötchen wird angehoben, der Kopf wird aufgestellt, das Mäulchen wird aufgerissen, sodass die Nagezähne zu sehen sind, und dann geht es wirklich zur Sache. Vorsicht: Wenn es blutige Bisswunden gibt, warten Sie nicht, sondern gehen Sie gleich mit dem verletzten Meerschweinchen zum Tierarzt und lassen Sie es behandeln. Setzen Sie die Tiere nicht wieder zusammen. Es könnte sonst erneut zu Kämpfen kommen.

Ganz natürlich – Kotfressen

Hindern Sie Ihre Tiere nicht daran, die eigenen Kotkügelchen zu fressen. In manchen Kotpillen – im sogenannten Blinddarmkot – befinden sich noch wertvolle Bestandteile: Vitamin-B-Komplex, Nährstoffe und Bakterien. Erst bei der zweiten Passage durch den Verdauungstrakt werden sie vollständig aufgeschlüsselt.

Auch Hausmeerschweinchen ziehen sich in dunkle Winkel oder ihre Häuschen zurück, vor allem, wenn Gefahr droht. Das ist das Erbe der wilden Verwandten, die sich vor Fressfeinden in die sicheren Verstecke retten mussten.

Mit Heinz Sielmann zu den wilden Verwandten der Meerschweinchen

Baue und Verstecke

Das Wildmeerschweinchen, von dem unser Hausmeerschweinchen abstammt, heißt lateinisch Cavia aperea tschudii, als Unterart benannt nach dem Schweizer Südamerika-Forscher J.J. von Tschudi. „Cavia" weist auf eine besondere Lebensweise hin: Höhlenmeerschweinchen wäre die richtige Bezeichnung. Unterirdisch in Höhlen leben Wildmeerschweinchen nun nicht, und sie selber können auch nur wenig graben. Für Mulden reicht das aus, aber sie nutzen häufig von anderen Tieren gegrabene Baue. Wildmeerschweinchen suchen gerne schattige, geschützte Verstecke unter Hecken, dichtem Bewuchs und Felsen auf. In offenem Gelände bewegen sich die Tiere nicht gern. Zu unsicher ist es dort, sie sind zu ausgesetzt, und zu viele Gefahren lauern, vor allem aus der Luft. Deshalb laufen unsere Meerschweinchen auch nicht gerne durch ein Zimmer, sondern werden sich immer am Rand halten und unter Sofas und Schränken verschwinden. Für Menschen eingerichtete Räume entsprechen nicht ihren Vorstellungen von einem angenehmen Lebensraum. Ein artgerechtes Biotop kann ihnen nur in einem Vivarium oder einem Freigehege geboten werden. Dass ihnen in der Obhut des Menschen keine Gefahren mehr drohen, wissen sie nicht. Als Fluchttiere brauchen sie die Möglichkeit, sich schnellstens in Sicherheit zu bringen. Dieser Instinkt des Wildtieres ist geblieben.

Test:
Wie gut kenne ich meine Meerschweinchen?

Beantworten Sie alle Fragen durch Ankreuzen der Kästchen in der Abstufung von

1 (trifft völlig zu) oder

2 (trifft eher zu) oder

3 (trifft weniger zu) bis

4 (trifft gar nicht zu).

1	Wenn sie mich nur kommen hören, fangen meine Meerschweinchen sofort an zu quieken.	1	2	3	4
2	Sobald ich pfeife oder den Namen eines der Tiere rufe, quiekt es oder quieken alle.	1	2	3	4
3	Wenn ich ihnen etwas Leckeres bringe, kommen meine Meerschweinchen gleich an.	1	2	3	4
4	Ich weiß genau, welches meiner Meerschweinchen zuerst da ist, wenn es etwas Leckeres gibt.	1	2	3	4
5	Ich weiß genau, bei welchem Geräusch meine Meerschweinchen anfangen unruhig zu werden.	1	2	3	4
6	Ich weiß genau, welches Meerschweinchen zuerst flüchtet, wenn etwas Beängstigendes passiert.	1	2	3	4
7	Sobald es etwas Neues zu erkunden gibt, wagen sich meine Meerschweinchen schon bald vor.	1	2	3	4
8	Alles, was sie nicht kennen, beschnuppern meine Meerschweinchen erst einmal ausgiebig.	1	2	3	4
9	Wenn ich ihnen einen Finger hinhalte, kommt ein Schweinchen / kommen meine Schweinchen und leckt / lecken.	1	2	3	4
10	Meine Meerschweinchen oder eines meiner Meerschweinchen kommen / kommt schon mal auf meine Hand.	1	2	3	4
11	Meine Meerschweinchen oder eines meiner Meerschweinchen lassen / lässt sich streicheln.	1	2	3	4
12	Meine Meerschweinchen oder eines meiner Meerschweinchen sind / ist scheu.	1	2	3	4
13	Meine Meerschweinchen verhalten sich alle ziemlich gleich.	1	2	3	4
14	Meine Meerschweinchen sind sehr unterschiedlich.	1	2	3	4
15	Ich muss zugeben, dass ich ein Lieblingsschweinchen habe.	1	2	3	4

Zählen Sie nun Ihre Punkte zusammen.

15 bis 25 Punkte:
Sie kennen sich schon sehr gut! Wahrscheinlich macht es Ihnen Spaß, Ihre Meerschweinchen zu beobachten und sich auch viel mit ihnen zu beschäftigen. Wenn Sie das weiterhin so machen, steht einer dauerhaften Freundschaft mit den Tieren nichts mehr im Wege. Es sind doch hoffentlich zwei oder drei. Oder noch mehr?

26 bis 35 Punkte:
Sie kennen sich gut. Aber das könnte noch besser werden, wenn Sie sich etwas mehr Zeit für Ihre Meerschweinchen nehmen. Wenigstens eine Stunde, verteilt über den Tag, wäre schon gut. Achten Sie darauf, wann Ihre Schweinchen besonders munter sind und stellen Sie sich darauf ein.

36 bis 48 Punkte:
Sie kennen sich nicht so gut, Sie könnten sich Ihren Meerschweinchen noch viel mehr widmen. Wenn Sie immer mal wieder zu ihnen gehen, sie wirklich für eine ganze Weile beobachten und sich bei diesen Gelegenheiten immer mehr annähern, wird das sicher bald besser. Geduld brauchen Sie aber noch.

49 bis 60 Punkte:
Vielleicht haben Sie Ihre Meerschweinchen noch nicht lange. Jedenfalls sollten Sie sie dringend viel besser kennen lernen. Fangen Sie mit ausgiebigen Beobachtungen an, bei denen Sie die Tiere zuerst noch in Ruhe lassen. Dann werden Sie feststellen, wie interessant und niedlich die Meerschweinchen sind!

Wir spielen zusammen

Was Meerschweinchen gerne machen

Spielideen für Meerschweinchen

Meerschweinchen, die mit ihren Artgenossen zusammen sind und ein richtig großes, gut eingerichtetes Vivarium haben, genügen sich im Grunde selbst. Aber Ihnen genügt das verständlicherweise nicht. Sie möchten den Tieren ja näher kommen, ihnen Anregungen geben. Sie möchten vor allem richtig vertraut miteinander werden, und da ist es auch notwendig, dass Sie sich mit ihnen beschäftigen. Ihre Meerschweinchen haben wahrscheinlich nichts dagegen, wenn Sie sich bei ihnen einmischen. Aber sie möchten, dass Sie sich dabei ganz nach ihnen richten. Zwingen zum Mitmachen lassen sie sich sowieso nicht.

Tipp

Vertraut werden

Spielen Sie immer so, dass die Meerschweinchen vor Ihnen keine Angst haben. Das geht nur, wenn Sie mit den Tieren auf einer Höhe sind. Entweder der Käfig steht auf einem erhöhten Platz oder Sie steigen zu den Tieren in ein Gehege und begeben sich hinunter auf ihre Ebene. Dann bleiben Sie einfach ganz ruhig dort hocken oder legen sich hin, eine ganze Weile. Außerdem geben Sie den Tieren dabei die Gelegenheit, Sie noch besser kennen zu lernen und zu erfahren, dass von Ihnen keine Gefahr ausgeht.

Spiele mit der Hand

Am besten ist es, wenn Sie sich viele Arten der Beschäftigung einfallen lassen, bei denen Sie und die Meerschweinchen sich hautnah begegnen. Machen Sie keine hektischen Bewegungen. Lassen Sie locker eine Hand ins Vivarium hängen und halten Sie sie immer wieder den Tieren hin. Daraus können Sie auch Spiele entwickeln. Zum Beispiel, wenn die Meerschweinchen gerade herumflitzen: Legen Sie ihnen einfach eine Hand in den Weg. Was nun? Wer traut sich, darüber zu rennen? Oder machen die Tiere auf der Stelle kehrt? Halten Sie zwei Finger vor die Nase der Meerschweinchen. Wenn sie sich nähern, weichen Sie ganz langsam mit der Hand zurück. Kommen die Tiere hinterher? Und wie neugierig sind sie:

Wenn die Meerschweinchen in der einen Käfigecke sind, bewegen Sie ihre Hand in der anderen Ecke: Kommen sie dann heran? Sprechen Sie sie an, wiederholen Sie immer dieselben Wörter. Meerschweinchen können so genau hören, dass sie nach einiger Zeit bestimmte Wörter unterscheiden können. Das gelingt allerdings nur, wenn Sie viel Zeit aufbringen.

Mach mal Pause

Beobachten Sie die Meerschweinchen einmal etwa zehn Minuten lang während einer aktiven Phase. Was sehen Sie? Die kleinen Tiere sind ständig zu Neuem bereit. Sie laufen hintereinander, dann bleiben sie plötzlich stehen, fressen hier ein Häppchen, schnuppern da, gehen ins Häuschen, kommen wieder heraus, rennen wie wild und kehren wieder um in die andere Richtung, begegnen sich, stupsen sich an. Ausdauernd, so wie wir das verstehen, sind sie nicht, aber sie haben ja schließlich ein ganz anderes Zeitempfinden. Also wundern Sie sich nicht, wenn die Tiere nicht so lange bei einem Spiel bleiben. Richten Sie sich genau danach und legen Sie Pausen ein. Vielleicht versuchen Sie es später wieder.

Fingerspiele – mit leckeren Häppchen

Futter ist für die meisten Tiere äußerst verlockend, mit Futter lässt sich bei Ihnen viel erreichen. Für Futterhäppchen tun Meerschweinchen so manches und trauen sich vielleicht auch mehr.

Sie können die Spiele aus der Hand gut mit dem Austeilen von Futter verknüpfen, aber immer nur von winzigen Portionen. Nehmen Sie einen Leckerbissen – ein frisches Maiskorn, ein Fenchelstückchen – in die Hand, schließen Sie sie dann leicht und halten Sie einem Schweinchen die Hand hin. Ein schon zutrauliches Tier wird bestimmt versuchen, an den Leckerbissen heranzukommen. Öffnen Sie die Hand, sobald es anfängt zu stupsen. Es soll sich nicht lange bemühen, schließlich ist das ein Spiel. Oder legen Sie einen Leckerbissen hin und halten die hohle Hand darüber. Wie kommt jetzt das Schweinchen daran? Oder ziehen Sie Futter – etwa Löwenzahnblätter, Möhrenkraut, frische Grashalme – langsam über den Boden. Laufen die Schweinchen hinterher? Bei allen Spielen erleben sie, dass von Ihnen nur Gutes zu erwarten ist.

Wenn Meerschweinchen wach und munter sind, sind sie auch fast immer bereit zu spielen. Finden sie einen frischen Leckerbissen in einem Heuversteck? Und was passiert, wenn er unter einer leichten Pappschachtel versteckt wird?

So wird Spielen zum Abenteuer

Meerschweinchen mögen keine offenen Flächen. Deshalb soll auch das ganze Vivarium artgerecht und spannend zugleich eingerichtet werden. Aber was ist artgerecht? Meerschweinchen sind Fluchttiere, also brauchen sie Verstecke und Unterschlupfe, in die sie schnell rennen können, um sich sicher zu fühlen. Das ist am wichtigsten. Und was ist spannend für sie? Auswahl! Sehen Sie sich nach allem um, was Abwechslung verspricht.

Tipp

Die richtige Einstreu

Sie haben die Wahl zwischen Kleintierstreu, Rinden- oder Hanfstreu, Buchengranulat, pelletiertem Stroh (Foto siehe Seite 43) und verschiedenen Sorten Überstreu. Die Einstreu wird je nach Gehegegröße und Anzahl der Meerschweinchen mindestens einmal in der Woche gewechselt. Nie warten, bis sie nass ist.

Das Vivarium – ein Abenteuerspielplatz

Das Wichtigste, was Sie für Ihre Tiere tun können: Sorgen Sie für das, was Verhaltensbiologen Umweltanreicherung nennen. Das ganze Vivarium wird zum Abenteuerspielplatz. Meerschweinchen wollen sich unter ein Brett, in ein Häuschen, in eine dunkle Röhre zurückziehen können, unter einer Holzbrücke verstecken und unter überhängenden Zweigen verschwinden oder auch im dick geschichteten Heu abtauchen. Im Zoofachhandel wird vieles angeboten, und auch in der Natur lässt sich einiges finden. Bei der Einrichtung eines gut strukturierten Vivariums können Sie sich etwas einfallen lassen. Alles wird so aufgestellt, dass es der Motorik, das heißt, den natürlichen Bewegungsabläufen der Tiere entspricht, dass es zum Beispiel nicht wie eine trennende Barriere wirkt, sondern dass ein kleiner, abwechslungsreicher Parcours entsteht. Die Tiere können dann kreuz und quer und drunter und drüber laufen,

Abwechslung hält die Sinne wach und fördert die Beweglichkeit. Aber nicht jedes Tier wird das Zubehör auf gleiche Art nutzen. Das Überqueren eines Weidenstegs zum Beispiel ist für manches Meerschweinchen eine Mutprobe.

immer wieder neue Wege suchen, und sie sollten auch eine Strecke durch die ganze Länge des Vivariums – oder quer durch – zurücklegen können. Stellen Sie ab und zu etwas Neues auf. So wird es nicht langweilig.

Mitten unter uns

Am schönsten ist es natürlich, wenn das Vivarium in dem Raum steht, in dem Sie und die ganze Familie sich am häufigsten aufhalten. Sie können dann die Tiere gemeinsam beobachten. Versuchen Sie mal, bei einigen Verhaltensweisen Ihrer Meerschweinchen vorherzusehen, was passieren wird. Schließen Sie zum Beispiel Wetten ab, wann welches Meerschweinchen was macht. Das ist auch die beste Gelegenheit für alle, die Tiere noch besser kennen zu lernen.

Wie Meerschweinchen die Umgebung erkunden

Meerschweinchen möchten ihre Umgebung zunächst ungestört erkunden. Sobald das Vivarium eingerichtet ist, sollen sie sich dort umsehen und herumschnuppern.
Lassen Sie sie in Ruhe und beobachten Sie sie: Wie machen sie das? Gehen sie ins Korkversteck, laufen sie unter dem Weidentunnel hindurch? Machen sie sozusagen einen kleinen Rundgang? Gibt es auch etwas, wovor sie zurückschrecken? Wie verhalten sie sich dann? Wenn sie sich nicht beruhigen, nehmen Sie das Zubehör bitte wieder aus dem Gehege. Sie haben ein gutes Orientierungsvermögen. Ihre Welt ist ja nicht groß: Wann kennen sie alle Wege und fangen an, sicher durch das Gehege oder Vivarium zu rennen? Dann wird es Zeit für etwas Neues!
Zum Beispiel für Mitbringsel.

Tipp

Bitte nicht stören ...

... wenn die Meerschweinchen gerade intensiv eigenen Beschäftigungen nachgehen. Lassen Sie den Tiere ihre Ruhe, wenn sie sich gerade so gemütlich ins Heu gekuschelt haben oder irgend etwas miteinander zu „verhandeln" haben, wenn sie sich putzen und natürlich, wenn sie gerade fressen.

Schatzsuche: Der Schatz ist ein frischer Leckerbissen – oder es sind gleich mehrere –, die im Heu versteckt werden. Mit solchen Spielen werden die Tiere nicht nur immer wieder gut beschäftigt, sondern auch auf Trab gehalten.

Mitbringsel aus der Natur

Neues gibt es für die Meerschweinchen zu entdecken, wenn Sie ihnen von Spaziergängen in Wald und Flur Fundstücke mitbringen, mal einen dicken Ast, mal einen Stein, mal ein Büschel Gras oder Löwenzahn mit Wurzeln, mal einen Haufen trockenes Laub, mal eine Baumscheibe und immer wieder Zweige. Säubern Sie diese Mitbringsel grob. Wie reagieren die Schweinchen? Was fangen sie damit an? Achtung! Sammeln Sie bitte nichts von Straßenrändern, neben Bahngleisen oder in Gebieten, in denen Hunde herumlaufen, nichts von gedüngten oder gespritzten Wiesen.

Ein Bad im Sand – einfach ausprobieren

Es sind vor allem Rennmäuse, die Sandbäder lieben. Aber auch Chinchillas und Degus, die Meerschweinchenverwandten, wälzen sich gerne in feinem Sand. Ihre Meerschweinchen auch? Sandbäder sind gut als Fellpflege. Im Zoofachhandel gibt es diese spezielle Sandbadmischung, ein Substrat, zu kaufen. Streuen Sie es in eine Schale, die groß und tief genug für Meerschweinchen ist.

In vielen Zoologischen Gärten werden Hausmeerschweinchen in großen Gruppen gezeigt. Im Zoo Hannover bewohnen sie das Schloss Neuschweinstein. Hinter Gittern sind die Tiere selten untergebracht. Sie können gut beobachtet werden.

Mit Heinz Sielmann zu den wilden Verwandten der Meerschweinchen

Meerschweinchen im Zoo

In der modernen Zoohaltung wird seit vielen Jahren überall, wo es nur möglich ist, auf die störenden Gitter früherer Zeiten verzichtet. Stattdessen hat es sich immer mehr durchgesetzt, in großzügigeren Anlagen die natürlichen Lebensräume der Tiere nachzugestalten. Dort können wir sie dann so erleben, wie es ihren Verhaltensweisen in der freien Wildbahn durchaus nahe kommt. Gerade bei kleinen Tierarten wie Wildmeerschweinchen ist das durch ihren geringeren Platzanspruch sehr gut möglich. Wildmeerschweinchen der Gattung Cavia gehören zum Bestand von mehreren Zoologischen Gärten. Sie können dort gut beobachtet werden, ganz besonders in ihrem interessanten Sozialverhalten. So zum Beispiel im Leipziger Zoo oder im Zoo am Meer in Bremerhaven, im Stadt-Zoo Karlsruhe oder in Halle, aber auch anderswo. Und Hausmeerschweinchen in oft größeren Gruppen hält fast jeder Zoo.

Wildmeerschweinchen sind ja recht standorttreue Tiere. Wenn sie umherwandern, dann nur, um neue Futterquellen zu erschließen. Sie kehren immer wieder in ihre Baue und Unterschlupfe zurück. Nur ihre sicheren Verstecke brauchen sie immer noch. Und unsere Hausmeerschweinchen? Bei ihnen geht es ebenso gut ohne die herkömmliche Käfighaltung. Die Tiere ohne Gitterstäbe zu halten, ist von beiden Seiten eines Geheges aus sehr viel angenehmer.

So entsteht ein Abenteuerspielplatz

Über einer Lage Zeitungspapier wird Kleintierstreu oder Rindeneinstreu (kein Rindenmulch für den Garten!) etwa 10 Zentimeter hoch auf dem Untergrund verteilt. Darüber kommt eine dicke Schicht Heu. Sie kann mit etwas Stroh vermischt werden. In so einer Schicht können Meerschweinchen sogar Gänge anlegen. Jeden Tag wird wieder viel nachgelegt. Nach spätestens einer Woche, je nach Gehegegröße und Anzahl der Meerschweinchen, muss alles komplett erneuert werden.

In einem Vivarium für drei Tiere wird am Rand in einer Höhe von etwa 25 Zentimeter ein Brett quer gelegt und fest geschraubt. Darunter können sich alle Schweinchen zurückziehen. Eine Hütte ist aber auch geeignet. Sie darf keine Fenster haben, aber einen Ein- und Ausgang, und sie muss groß genug für alle Tiere sein. Die Hütte steht im hinteren Bereich des Vivariums, wird aber so weit von der Wand abgerückt, dass noch ein schmaler Durchgang entsteht. So finden die Meerschweinchen einen weiteren kleinen Weg auf ihrer Strecke durch das Vivarium vor.

Eine Treppe führt auf eine zweite Ebene in einem Vivarium oder auf das Dach der Hütte. Zwei Tunnel können Sie aufstellen und vielleicht noch mit einer Rampe verbinden, über die die Meerschweinchen laufen können. Neugierig, wie sie sind, klettern die Meerschweinchen wahrscheinlich irgendwann hinauf, aber noch lieber und immer mal wieder, wenn sie erst einmal entdeckt haben, dass oben ab und zu kleine Futterhäppchen versteckt sind.

Fichtenäste oder belaubte Zweige, die aufgehängt oder so hingelegt werden, dass darunter Nischen entstehen, werden von den Meerschweinchen gern genutzt, und daran nagen können sie auch noch.
Vorsicht: Achten Sie darauf, dass keine spitzen Zweigenden in den Käfig ragen. Es besteht sonst Verletzungsgefahr für die Meerschweinchen!

Span- oder Weidenkorb, geflochtener Kobel, Halbröhre bieten andere Versteckmöglichkeiten, und von da aus lässt sich auch alles gut überblicken. Auch in Korkeichen-, Ton- oder Holzröhren oder unter ausgehöhlten Baumwurzeln finden die Meerschweinchen Unterschlupfe. Hängematten, in einer Ecke angebracht, sind ebenfalls auf doppelte Weise zu gebrauchen: Die Schweinchen legen sich hinein oder hocken darunter. Stellen Sie aber das Gehege nicht zu voll, es muss noch genug freier Platz zum Laufen und Liegen bleiben.

Sie können auch einen Ziegelstein oder einen Terracottakasten aufstellen. Aus dem Kasten schlagen Sie eine Wand heraus und platzieren ihn mit der offenen Seite so im Heu, dass ein kleiner Unterstand entsteht. Auch hier klettern die Meerschweinchen hinauf. Nebenbei werden auf dem rauen Untergrund die Zehennägel der Tiere ein bisschen abgefeilt.

So bleiben Meerschweinchen fit

Es tut Meerschweinchen gut, wenn sie sich viel bewegen. Sich wenigstens ab und zu ein bisschen anstrengen fürs Futter – das muss sein. Werden als Belohnung Leckerbissen verteilt, sind damit immer nur kleinste Häppchen des beliebtesten üblichen Futters gemeint! Also nie Süßigkeiten oder Knabbersachen! Da Sie die Tiere beim Spielen aus der Hand füttern, ist das die Gelegenheit zu beobachten, wie fit jedes Tier ist und ob auch jedes frisst.

Springen und Klettern

Hausmeerschweinchen sind von ihrem ganzen Körperbau her nicht in der Lage, hohe Sprünge zu machen. Sie können nicht mehr so abfedern wie ihre wilden Vettern. Aber immerhin bringen sie es auch auf gut zwanzig Zentimeter, die Artisten unter ihnen schaffen

Etwas tun fürs Futter: Wenn sie sich für die Nahrungssuche schon nicht mehr auf den Weg in die Wildnis machen müssen, kann es nur gut sein, dass Meerschweinchen sich auf andere Art anstrengen müssen. Und das tun sie auch gerne!

auch noch etwas mehr. Mal ein Hopser aufs Hüttendach oder auf die zweite Ebene im Gehege beansprucht andere Muskeln und trägt sicher zur Beweglichkeit bei. Aber Vorsicht! Abstürze oder Sprünge aus größerer Höhe in die Tiefe können zu schweren Verletzungen führen.

Große Kletterer sind Meerschweinchen auch nicht. Auf ihren kurzen Beinchen können sie nur Schritt für Schritt die Sprossen von Leitern erklimmen oder über gestuft gelegte Hölzer oder Steine laufen. Manche Meerschweinchen sind allerdings nicht einmal dazu zu bringen, auch nicht durch ein frisches Maiskorn, eine Treppe zu betreten. Dass sie nicht gut klettern und kaum springen können, hat einen Vorteil: Meerschweinchen sind keine Ausbruchskünstler.

Speck? Und weg!

Hausmeerschweinchen sind immer leicht rundlich, vielmehr: birnenförmig. Dünn dürfen sie nicht sein. Haben sie aber zu wenig Auslaufmöglichkeiten und bekommen dann auch noch fettreiche und zuckerhaltige Leckerlis zugesteckt, können sie moppelig werden. Die Folge ist, dass sie auch unbeweglich und lustlos werden.

Futterspiele – schlemmen und fit bleiben

Verstecken Sie einen Leckerbissen an einer Stelle, an der sich die Meerschweinchen strecken müssen, um ihn zu erreichen. Legen Sie ihn zum Beispiel auf einen hochkant gestellten Ziegel. Aber sicher abstützen! (Fotos Seite 7, 35). Oder hängen Sie ihn doch einfach auf, wie auf dem Bild. Dabei stellen sich die Meerschweinchen schon fast auf die Zehenspitzen. Der ganze Körper richtet sich auf. Dass auch den Schweinchen, die diese schwierige Übung nicht beherrschen, sie aber wenigstens versucht haben, der Leckerbissen sofort zugesteckt wird, ist ganz klar.

Das ist einfacher: Lassen Sie Ihre Schweinchen klettern. Legen Sie mehrere Ziegelsteine oder Baumscheiben so aufeinander, dass Stufen entstehen. Oder stellen Sie eine schräge Rampe an. Oben liegt wieder ein Leckerbissen. Und geht es von dort aus noch weiter über einen Steg? Wer ihn überquert, findet auf der anderen Seite noch einen Leckerbissen. Höher als 15 Zentimeter geht es dabei aber nicht hinauf, unten liegt Heu. Nicht jedes Meerschweinchen kann geschickt balancieren, der Steg muss etwa acht Zentimeter breit sein.

Da bei Heuraufen Verletzungsgefahr besteht, wenn die Tiere hineinklettern, greifen Sie zur Alternative: die Heusocke! Eine alte Socke (Naturfaser) wird prall mit Heu gefüllt. Dann wird sie mit der Öffnung nach oben im Vivarium aufgehängt, in die Spitze wird ein nicht zu großes Loch geschnitten. Die Meerschweinchen ziehen jetzt nach und nach das Heu aus der Socke. Sie müssen sich anstrengen und haben gut zu tun.

Meerschweinchen sind nicht in der Lage, Männchen zu machen und sich lange aufrecht zu halten. Aber für eine kurze Weile schaffen sie es doch. Halten Sie einem Schweinchen einen Leckerbissen vor die Nase und ziehen ihn dann langsam ein Stück in die Höhe. Jetzt richtet sich das Schweinchen auf.
Es kann sogar sein, dass die Vorderfüßchen herunterhängen. Zutraulichen Schweinchen können Sie dann auch die andere Hand als Abstützhilfe hinhalten. Achtung: Nicht alle Meerschweinchen schaffen das!

Klemmen Sie zum Beispiel einen frischen Grashalm oder Zweig, der nicht gleich abreißt, wenn ein Schweinchen heftig daran zieht, so in das Geflecht eines Korbs, dass sich die Schweinchen beim Herausziehen bemühen müssen. Oder stecken Sie die Leckereien in die Löcher eines Ziegelsteins. Oder Sie montieren eine Astgabel auf einer stabilen Platte, bohren Löcher hinein und stecken dort Leckerbissen fest: Möhre, Petersilie, Fenchel. Oder halten Sie selbst etwas fest und lassen nicht los. Das gibt Gezerre auf beiden Seiten. Meerschweinchen sind ganz schön kräftig.

Legen Sie viele kleinste Häppchen von verschiedenen, ganz besonderen Futterstückchen in Abständen auf den Boden des Vivariums, verstecken Sie den einen oder anderen ein bisschen im Heu oder legen ihn auf einen Stein oder hinter ein Häuschen. Die Schweinchen sollten noch kein frisches Grünfutter bekommen haben. Sie werden jetzt losgeschickt und sollen die Strecke absuchen. Stoppen Sie die Zeit: Wie lange dauert es, bis alles gefunden und weggeputzt ist?

Freilauf für Meerschweinchen

Auch im Freigehege und beim Freilauf ist es wichtig, dass die Tiere ihre Versteckmöglichkeiten haben. Bei ganzjähriger Haltung im Freien dürfen sie sich aber zum Schlafen nie in nicht isolierte Unterschlupfe zurückziehen. Bitte abräumen!

Sollen die Tiere bis zum Herbst im Freien bleiben, werden sie das erste Mal im Frühjahr nach den Eisheiligen hinausgebracht. Ganzjährige Haltung im Freien ist sehr aufwändig, kostet mehr Aufmerksamkeit, Mühe und Kontrolle und ist nur geeignet für fünf oder noch mehr ausgewachsene, gesunde und kräftige Tiere. Sind es weniger, kühlen sie in der Nacht, wenn sie schlafen, zu stark aus. Informieren Sie sich ausführlich (Lesetipps siehe Seite 62). Das ist zu beachten: Im Winter gibt es mehr Kraftfutter. Vor allem Vitamin C ist jetzt noch wichtiger, also darf vitaminreiches Frischfutter nicht fehlen, ausreichend viel für alle, verteilt über den Tag. Nichts bleibt lange liegen. Wasser wird mehrmals am Tag lauwarm aufgefüllt. Ein Muss ist ein sehr gut isoliertes, großes Schlafhaus. Meerschweinchen haben nackte Füße und kein sehr dichtes Fell. Sie dürfen in keinem Fall frieren! Sonst müssen sie in der Wohnung überwintern. Draußen gehaltene Tiere dürfen aber nicht plötzlich ins Warme gebracht werden.

Das richtige Freigehege

Ob ganzjährige Haltung im Freien, ob Sommerfrische mit Übernachtung im Garten: Das Freigehege muss den Tieren Anreize bieten. Es wird eingerichtet wie ein großes Vivarium.

Ein Haus für draußen

Am wichtigsten ist das Häuschen, vor allem bei ganzjähriger Freilandhaltung, aber auch für die kühleren Nächte. Ein Häuschen für die Haltung im Haus ist draußen völlig ungeeignet.
So sieht das ideale Haus aus: Es steht geschützt vor Regen, Wind, Sonne, Schnee, ist einwandfrei isoliert, trocken und geräumig: mit drei boxenartigen Kammern. Es hat dicke Außenwände aus Holz oder den Schichten Holz – Styropor – Holz, kleine Lüftungsschlitze, eine stets geöffnete Tür und zur besseren Kontrolle ein aufklappbares Dach. Es steht, nach unten gut isoliert auf Holzboden, zu ebener Erde, erreichbar für alle Tiere.

Check

Was ist wichtig im Freigehege?

- Mindestgröße: vier Quadratmeter für drei Meerschweinchen, sechs Quadratmeter für sechs Tiere.
- Standort: windgeschützt und nicht in der prallen Sonne. Schattige, trockene, überdachte und höher liegende Plätze gestalten.
- Futterplätze überdachen. Viele Unterschlupfe und Versteckmöglichkeiten schaffen, damit sich die Tiere zurückziehen können.
- Gehege rundum absichern. Versenken Sie es im Boden und zwar so, dass sich kein Tier unter dem Draht hindurchzwängen und kein Eindringling durchgraben kann. Nach oben schützt ein stabiles Drahtgitter, das das ganze Gehege überspannt.
- Spezielles Häuschen für Freilandhaltung aufstellen. Ausreichend Heu in der Schlafkammer auslegen und täglich auffüllen. Häufig erneuern.

Mehrmals täglich kontrollieren, ob alle Tiere munter sind und ausreichend fressen.

Jedes Tier regelmäßig wiegen.
Kranke oder schwache Tiere nie abrupt ins Warme bringen.

Viel Platz, viel Spaß

Freilauf darf nicht bedeuten, dass sich ein- oder zweimal am Tag eine Käfigtür für eine Stunde öffnet und sich die Meerschweinchen in einem Zimmer herumtreiben dürfen. Das ist langweilig, nicht artgerecht und birgt zudem Gefahren. Auch beim Freilauf muss Abwechslung sein! Freilauf kann selbst dann noch Spaß machen, wenn die Meerschweinchen einen ausreichend großen Käfig bewohnen oder in einem Vivarium leben.

Die Zimmerecke

So ist es ideal für Meerschweinchen: wenn für sie eine Zimmerecke reserviert wird. Dann muss nicht alles außer Reichweite gestellt werden, was sie nicht annagen dürfen (Kabel zum Beispiel). Eine Grundfläche von zwei Quadratmetern, abgetrennt durch Gitter oder Spanplatten, bietet Bewegungsfreiheit. Gut ist es, wenn der Käfig mit geöffneter Tür an das Zimmergehege grenzt, für die Tiere jederzeit erreichbar. Ein Stein oder eine Baumscheibe wird zur Einstieghilfe.

Der Untergrund darf nicht so glatt sein, dass die Meerschweinchen beim Durchstarten rutschen, Teppichboden darf keine Schlingen haben, in denen sie mit den Zehen hängen bleiben. Legen Sie eventuell Maisstrohmatten aus. Eingerichtet wird dieses Minigelände mit dem üblichen Zubehör. Übrigens mögen es Meerschweinchen, wenn Sie beim Freilauf ab und zu bei ihnen bleiben. Setzen Sie sich neben das Gehege. Warten Sie aber ab, ob die Tiere von selbst herankommen und lassen Sie sie sonst tun, was sie wollen.

Der Balkon als Biotop

Sie nutzen Ihren Balkon nicht selbst? Ist er rundum abgesichert, ohne Schlupflöcher und Schlitze? Dann stellen Sie ihn doch in den warmen Monaten den Meerschweinchen zur Verfügung. Die ganze Fläche gestalten Sie wie das Vivarium. Aber: Keine Zugluft, keine direkte Sonne, keine Hitze, kein Regen und keine Kälte vom Untergrund. Vor allem dürfen weder Katzen noch Marder noch Vögel, etwa Elstern, den Meerschweinchen einen Besuch abstatten können. Spannen Sie ein Katzennetz vor und, wenn er nach oben offen ist, auch über den Balkon.

Tipp

Freigehege gestalten

Das alles können Sie tun: Hügel aus Erde aufschichten, Wiese oder Futterpflanzen aussäen, einen Strauch pflanzen, kleinere Flächen mit feinem Sand und mit Steinchen (fürs Aquarium) bestreuen, Tonröhren (Durchmesser 25 Zentimeter) halb in der Erde versenken, Stroh, vor allem Heu zum Wühlen auslegen, Zweige aufhängen, Steine, Baumscheiben, Äste, Wurzeln, viele Durch- und Unterschlupfe überall verteilen, für trockene, überdachte Plätze als Schutz vor Sonne und Regen sorgen. Futter, Wasser und Schlafhütte dürfen nicht fehlen.

Unsere Meerschweinchen brauchen keine Revierabgrenzungen. Der Mensch gibt ja den Lebensraum der kleinen Gruppe vor. Ihre Duftmarken hinterlassen sie aber überall. Sie dienen dazu, die Individualgrenzen einzuhalten.

Mit Heinz Sielmann zu den wilden Verwandten der Meerschweinchen

Freies Meerschweinchenleben

Frei herumlaufen können Wildmeerschweinchen ihr Leben lang. Aber wie frei sind Wildtiere wirklich? Wir machen uns als Menschen gerne falsche Vorstellungen von der Freiheit der Tiere. Die so genannte „freie Wildbahn" gibt es in Wirklichkeit nicht. Auch für Tiere sind überall Grenzen gezogen. Für uns Menschen sind die meisten davon unsichtbar, wir können sie mit unseren Sinnen nicht wahrnehmen, aber Tiere erkennen sie an den feinsten Zeichen, an Spuren, Duftmarken, akustischen Signalen. Das Territorium der einen grenzt an das Territorium der anderen Tiere.
Die Meerschweinchen leben in ihren kleinen Sippen. Jede Sippe und jede Kolonie beansprucht ein bestimmtes Territorium für sich. Dieses Gebiet wird mit Hilfe von Duftdrüsen – wie der Kaudaldrüse oder Perinealdrüse – beim Kot- und Urinabsetzen markiert. Die Größe so eines Territoriums oder Reviers wird, wie auch die Anzahl der Individuen, bestimmt durch das Futterangebot. Selbst in ihrem angestammten und gekennzeichneten Revier müssen die Tiere aber immer wachsam sein. Gerade Meerschweinchen, klein und nicht wehrhaft, sind für Beutegreifer das „gefundene Fressen". Darum ist in der Kolonie auch immer ein Meerschweinchen besonders wachsam, wenn alle grasen, und es lässt bei Gefahr ein lautes Warnquieken hören. Die anderen wissen sofort, was das heißt.

Test:

Was spielen meine Meerschweinchen am liebsten?

Beantworten Sie alle Fragen durch Ankreuzen der Kästchen in der Abstufung von

1 (macht viel Spaß) oder
2 (macht etwas Spaß) oder
3 (macht weniger Spaß) bis
4 (wird gar nicht gespielt).

1	Stellen Sie eine Schale mit frischen Getreidesprossen auf. Dann lassen Sie die Meerschweinchen darauf los.	1	2	3	4
2	Rollen Sie Kirschtomaten oder Obst (Kirschen, Beeren, Weintrauben) vor den Meerschweinchen über den Boden.	1	2	3	4
3	Machen Sie nun das Gleiche auch mit einem zerknüllten Papierball oder einem Tischtennisball.	1	2	3	4
4	Legen Sie in eine lange Pappröhre (Achtung: Durchmesser!) einen Leckerbissen. Dann lassen Sie die Meerschweinchen durchlaufen.	1	2	3	4
5	Schneiden Sie von einer alten Hose das Hosenbein ab und legen es so hin, dass die Meerschweinchen einen Einschlupf haben.	1	2	3	4
6	Lassen Sie die Meerschweinchen auf einem Baumstamm (Durchmesser fünfzehn Zentimeter, Länge zwanzig Zentimeter) laufen.	1	2	3	4
7	Fädeln Sie verschiedene Leckerbissen auf und hängen sie so auf, dass die Schweinchen sich danach strecken müssen.	1	2	3	4
8	Geben Sie jedem Schweinchen einen gleich langen Grashalm. Welches hat ihn zuerst weggemümmelt?	1	2	3	4
9	Verstecken Sie ein kleines, aber ganz besonderes Futterstückchen in einer Schicht Heu.	1	2	3	4
10	Legen Sie den Meerschweinchen einen ganzen Apfel hin. Welches nagt sich zuerst durch die Schale?	1	2	3	4
11	Legen Sie unter eine leichte Pappschachtel ein Futterstückchen. Welches Meerschweinchen schafft es, die Schachtel umzukippen?	1	2	3	4
12	Stellen Sie eine Kiste auf, ganz mit Heu gefüllt, und verstecken Sie besonders leckere Futterhäppchen. Lassen Sie die Schweinchen wühlen.	1	2	3	4

Zählen Sie nun Ihre Punkte zusammen.

12 bis 18 Punkte:

Ihre Meerschweinchen scheinen besonders aufgeschlossen zu sein gegenüber Spielen jeder Art. Damit Sie und die Tiere nicht aus der Übung kommen, lassen Sie sich noch mehr einfallen. Alles ist erlaubt, was die Meerschweinchen freiwillig mitmachen. Aber sie dürfen auch einfach nur ihre Ruhe haben.

19 bis 26 Punkte:

Sie haben viel Spaß miteinander, das ist prima, und mehr muss auch nicht sein, wenn es den Meerschweinchen genügt. Sie können aber noch das eine oder andere ausprobieren. Vielleicht lassen sich Ihre Tiere ja auch gerne auf ein neues Spiel ein. Oder nicht – dann geht es ihnen auch so gut.

27 bis 38 Punkte:

Versuchen Sie es mit interessanten Anregungen, am verlockendsten sind immer Leckerbissen. Und da die Tiere, wenn sie sich wohl fühlen, neugierig sind, gibt es bestimmt noch mehr, womit Sie sie beschäftigen können. Aber wenn die Meerschweinchen nicht mitspielen wollen? Dann müssen sie auch nicht.

39 bis 48 Punkte:

Sind Ihre Meerschweinchen Spielmuffel? Oder liegt es an Ihnen? Bevor Sie jetzt sofort mit ungewohnten Spielanregungen beginnen, beobachten Sie die Tiere: Womit beschäftigen sie sich? Und dann überlegen Sie, was ihnen Spaß machen könnte. Vielleicht genügt ihnen ihr Leben ja auch so.

Was Meerschweinchen alles können
> 48

Mit Heinz Sielmann zu den wilden Verwandten der Meerschweinchen
> 51, 59

Wir beobachten und entdecken

Was Meerschweinchen alles können

So lernen Meerschweinchen
> 54

Test:
Wie schlau sind meine Meerschweinchen?
> 60

Was Meerschweinchen alles können

Tipp

Deutlich sprechen

Sollen Ihre Meerschweinchen Wörter lernen, müssen sie unmissverständlich ausgesprochen werden. Ein Wort genügt. Ein Wort wie Salat etwa – mit scharfem S am Anfang – ist eine gute erste Übung. Oder versuchen Sie es damit: Sagen Sie jedes Mal „Komm!“, wenn es etwas zu fressen gibt und „Komm zu mir!“, wenn Sie ein Tier hochnehmen. Durch das deutliche Z erkennen die Schweinchen den Unterschied bald sehr genau. Wie reagieren sie?

Es gibt ja Menschen, die meinen, Meerschweinchen seien niedlich und lieb, aber ein bisschen dumm. Meerschweinchen mögen ja mit ihrer leicht hängenden Unterlippe und dem immer erstaunt wirkenden Blick aus großen Augen etwas ratlos aussehen, aber das sind sie überhaupt nicht. Sie sind aufmerksam und neugierig, sie zeigen ihre erstaunlichen Fähigkeiten – wenn sie dazu in artgerecht gestalteter Umgebung und im Zusammensein mit Artgenossen kommen! Mit ihren wachen Sinnen sind sie reaktionsschnell und lernfähig.

Was Meerschweinchen hören

Wie schnell lassen sich diese kleinen Tiere auf Geräusche konditionieren! Auch wenn Sie nicht gezielt vorgehen und zum Beispiel regelmäßig einen Ton, etwa einen bestimmten Pfiff, mit einer Gabe von Futter verbinden, werden Sie feststellen, dass die Meerschweinchen von sich aus in kürzester Zeit die für sie wesentlichen Verknüpfungen herstellen. Es raschelt? Schon wird gequiekt. Sie öffnen die Kühlschranktür? Sie schälen eine Möhre? Sie schneiden eine Gurkenscheibe oder ein Stück Apfel ab? Alles klar: Gleich gibt es etwas, und schon geht das Gequieke los!
Darauf lässt sich natürlich aufbauen. Tiere, die in der Lage sind, so viele verschiedene Geräuschquellen richtig zuzuordnen, lernen auch, bestimmte Wörter zu unterscheiden.

Alles andere als verschlafen

Haben Sie Ihre Meerschweinchen jemals schlafend gesehen? Das kommt kaum vor, die Tiere hören noch gut, wenn sie schlafen. Beim leisesten Geräusch sind sie wach und richten die Köpfe auf. Beobachten Sie das auch, wenn die Schweinchen gerade eine Traumphase haben? Dann liegen sie im Heu, halb auf der Seite, die Augen geöffnet. Plötzlich bewegen sich die Augen, das Schnäuzchen zittert, die Füße zucken. So schlafen Meerschweinchen, wenn es in ihrer Umgebung sehr ruhig ist und die Tiere

Vertrauen zu ihren Menschen haben. Meerschweinchen schlafen nachts und tagsüber, aber oft nur kurz. Manchmal jedoch scheinen sie besonders tief und fest zu schlafen. Wenn sich dann jemand nähert, erschrecken sie. Pfeifen Sie oder sprechen Sie die Tiere an, wenn Sie in ihr Zimmer gehen. Sonst kann es sein, dass sie hektisch herumrennen und noch eine ganze Weile ängstlich sind.

Meerschweinchen sind immer wachsam. Auch wenn sie am Futternapf beschäftigt sind, bemerken sie es genau, wenn sie zum Beispiel ein Geräusch hören. Dass sie beunruhigt sind, sieht man sofort: Sie halten inne und orientieren sich.

Was gibt's zu sehen?

Sich an ein Meerschweinchen heranzuschleichen, ist nicht einfach: Nähern Sie sich, die Arme weit ausgestreckt, mit den Händen einem Tier von beiden Seiten. Es sieht sich sofort umzingelt und rennt davon. Und wie weit kann es in die Ferne sehen? Wedeln Sie mit einem Stückchen Paprika oder Tomate – das ist durch die Farbe gut zu erkennen – in wechselnden Entfernungen. Wie verhalten sich die Tiere? Und was verändert sich, je näher Sie herankommen? Bemerken Sie Unterschiede, wenn sich den Meerschweinchen nicht die vertrauten, sondern fremde Menschen nähern?

Der Farbentest

Meerschweinchen können die Grundfarben Rot, Gelb, Blau und Grün unterscheiden. Verwenden Sie vier gleiche Näpfe in den genannten Farben oder kennzeichnen Sie Näpfe mit farbigem Klebeband. Stellen Sie alle vier Näpfe in einer Reihe auf, aber ein Futterstückchen legen Sie nur in einen Napf. Testen Sie am besten dann, wenn sowieso gerade Fressenszeit ist, die Meerschweinchen also schon darauf warten, dass es etwas gibt. Tipp: Wenn es auch noch ein ganz besonderes Häppchen ist, wird diese Übung für die Schweinchen eindrucksvoller und unvergesslicher. Stellen Sie die Näpfe dann auch in wechselnder Reihenfolge auf. Wenn Sie überprüfen möchten, ob es wirklich die Farbe ist und die Tiere nicht etwa schon riechen, in welchem Napf etwas liegt, lassen Sie das Futter weg. Aber bitte gleich etwas geben, wenn das Schweinchen am Napf ist. Wie oft müssen Sie diese Testanordnung wiederholen, bis die Meerschweinchen sofort auf den richtigen markierten Napf zulaufen? Testen Sie die Tiere doch auch einmal einzeln. Wie sieht es dann aus? Und was passiert, wenn Sie plötzlich die Farbe wechseln?

Ein Test, der Spaß macht – auch den Schweinchen. Denn am Ende gibt es einen Leckerbissen in dem Napf. Finden sie ihn auch? Er ist immer im Napf mit der einmal festgelegten Farbe. Einige Wiederholungen sind aber nötig, bis es klappt!

Junge Hausmeerschweinchen kommen nach einer Tragzeit von bis zu 68 Tagen zur Welt, bei Wildmeerschweinchen sind es etwa 60 Tage. Die Tierkinder sind dann schon voll entwickelt und laufen auch gleich in der ganzen Gruppe mit.

Mit Heinz Sielmann zu den wilden Verwandten der Meerschweinchen

Hellwache Tierkinder Meerschweinchen kommen als Nestflüchter auf die Welt. Diese Tiere haben, dafür dass sie so klein sind, eine recht lange Tragzeit. Das unterscheidet sie übrigens auch erheblich von den einheimischen Nagetieren, die nach kurzer Tragzeit hilflose, nackte Junge zur Welt bringen. Wildmeerschweinchen tragen rund 60 Tage, Hausmeerschweinchen bis zu 68 Tage. Und während die Neugeborenen bei unseren Hausmeerschweinchen von etwa 65 bis zu 120 Gramm wiegen können, bringen es die wilden Verwandten nur auf ein Geburtsgewicht zwischen 45 und 70 Gramm. Es sind vollständig entwickelte Tierkinder: Sie haben alle Zähne und nehmen kurze Zeit nach der Geburt feste Nahrung zu sich. Gesäugt werden sie etwa drei Wochen lang. Sie reagieren auch sofort auf Umweltreize. Bei bestimmten Geräuschen werden sie hellhörig, dann werden sie unruhig oder lassen sich beruhigen. Sie sehen genau, wo sich etwas bewegt, und sie schnuppern schon überall herum. Die ersten Erfahrungen der kleinen Tierchen hängen natürlich eng mit der Nähe der Mutter und der ganzen Sippe zusammen. Sie lernen im Sozialverband, mit dem sie ständig in Kontakt bleiben, zum Beispiel über Lautäußerungen, oder wenn sie unterwegs sind durch das auch bei den Hausmeerschweinchen bekannte Hinterherlaufen. Hierbei berührt ein Tier mit der Nase das Hinterteil des vorangehenden (Fotos Seite 19).

Was ist am leckersten? Meerschweinchen können recht wählerisch sein – und was das eine mag, schmeckt dem anderen noch lange nicht. Das Lieblingsfutter lässt sich bei allen Tests und bei den Spielen auch als gute Motivation einsetzen.

Schnüffeln und mümmeln

Futter-Ranking

Was schmeckt Ihren Meerschweinchen am besten? Manches, was Sie den Tieren anbieten, wird Ihnen ja sicher gleich aus der Hand gerissen und vollständig weggeputzt. Anderes dagegen wird nicht so hellauf begeistert genommen und liegt auch mal länger herum. Ist das bei allen Ihren Tieren gleich oder können Sie dabei Unterschiede feststellen? Legen Sie für jedes Schweinchen eine Liste an mit dem Lieblingsfutter und in absteigender Reihenfolge mit all dem, was weniger gern gefressen wird. Wenn Sie das Lieblingsfutter kennen, können Sie es bei den Spielen und Tests als Belohnung oder als Motivation gezielt einsetzen. Dann machen die Schweinchen noch mal so gerne mit.

Der Geruchstest

Manche Gerüche scheinen Meerschweinchen ganz zuwider zu sein: Sie wenden sich deutlich mit einer Bewegung des Kopfes seitlich nach oben ab und gehen sogar weg. Was mögen sie? Was nicht?

Das können Sie schnell feststellen: Halten Sie den Schweinchen verschiedene Futterhäppchen vor die Nase. Oder wie ist das zum Beispiel bei: Zitrone? Tee? Kräutern? Auch Meerschweinchen, die sich kennen, beschnuppern sich übrigens immer wieder gegenseitig. Nase an Nase oder Nase an Hinterteil. Wenn Sie ein Böckchen haben, auch ein kastriertes, und Weibchen, wird es die Weibchen umgurren, nicht nur, wenn sie paarungsbereit sind. Professor Norbert Sachser nennt diese tänzelnden, stolzierenden Bewegungen mit Hinterteilwackeln übrigens Meerschweinchen-Rumba.

Geruchs- und Geschmackssinn hängen eng zusammen. Was Meerschweinchen schon nicht riechen mögen, das werden sie auch nicht fressen. Oder etwa doch? Haben Sie Folgendes schon einmal beobachtet: Es kommt vor, dass sich die Meerschweinchen zwar gleich abwenden und sogar wegrennen, wenn ihnen etwas zu Fressen hingehalten wird und sie einmal geschnuppert haben, dass sie dann aber trotzdem zwei- oder dreimal zurückkommen, um doch noch einmal zu schnuppern – und es schließlich doch zu probieren.

!

Meerschweinchen, denen Sie in einer Gruppe eine artgerechte Umgebung geboten haben und die sich wohl fühlen, müssen weder Spielchen mitmachen noch ihre Fähigkeiten zeigen, um sich wohl zu fühlen. Sie können die Tiere einfach nur miteinander leben lassen und sich aufs Beobachten beschränken, freuen Sie sich, dass es ihnen gut geht und dass sie dabei alles zeigen, was sie können.

So lernen Meerschweinchen

Wie lernen Tiere? Durch Erfahrung, unter anderem. Am besten funktioniert Lernen, wenn damit Gefühle verbunden sind, ein Glücksgefühl zum Beispiel. Bei Tieren genau so wie bei Menschen. Bei Meerschweinchen ist durch positive Verstärkung sicher einiges zu erreichen, und das heißt für Meerschweinchen: Verknüpfung mit feinem Futter! Leckerbissen, zur richtigen Zeit verteilt, werden unvergesslich. Unvergesslich werden aber auch alle schlechten Erfahrungen, dazu gehört es, gejagt zu werden und gegen den Willen gepackt, also: geängstigt zu werden.

Wo sind die Leckerbissen versteckt? Wie finden die Tiere in einem kleinen Labyrinth das Futter? Auf die Suche machen sie sich stets der Nase nach. Mit etwas Übung werden sie dabei immer sicherer und schneller.

Lernen hat Grenzen

Nie werden Sie es Ihren Meerschweinchen beibringen können, auf den Hinterbeinen zu laufen, das ist gar keine Frage. Und genauso, wie den Tieren körperlich Grenzen gesetzt sind, sind auch von ihren geistigen Fähigkeiten her Grenzen vorgegeben. Überlegen Sie, was die Wildmeerschweinchen für ihr Überleben in den buschbestandenen Trockensavannen Südamerikas brauchen. Dann wissen Sie so ungefähr, was die Natur diesen Tieren mitgegeben hat, und mehr ist nicht möglich. Meerschweinchen sind zuallererst Fluchttiere. Das gibt den Rahmen vor. Was zeigen sie sonst noch an Verhaltensweisen? Je mehr Sie durch Beobachtung und Information herausgefunden haben, desto mehr wissen Sie über die kleinen bis winzigen Lernschritte, die Sie ihnen zumuten können. Außerdem gibt es auch bei Meerschweinchen individuelle Unterschiede. Das eine Tier ist schneller oder eifriger oder aufmerksamer. Wenn Sie die Meerschweinchen als Jungtiere übernommen haben, konnten Sie diese Unterschiede sicher schon früh bemerken.

Für Entspannung sorgen

Warum lernen manche Meerschweinchen so gut wie gar nichts, machen keine Spiele mit, lassen sich auf nichts ein? Es gibt Tiere, die vor Angst so angespannt sind, dass sie erstarren und daneben kaum etwas anderes wahrnehmen können. Am wichtigsten ist es deshalb, dass die Tiere zu Ihnen Vertrauen haben. Wenn sie schon wegrennen, sobald Sie sich nur dem Käfig nähern, ist das keine gute Voraussetzung. Die erste Frage ist dann: Haben die Meerschweinchen Artgenossen und den richtigen Lebensraum? Oder, auch das ist möglich: Haben Sie sie spät aus schlechter Haltung übernommen? Sorgen Sie für das, was Verhaltensbiologen ein „entspanntes Feld“ nennen. Geben Sie den Tieren viel Zeit, zutraulich zu werden. Und werden sie das nicht, nehmen Sie Rücksicht und lassen Sie sie in Ruhe. Auch ein zutraulicher Partner steckt ein ängstliches Schweinchen nicht unbedingt an.

Immer in Bewegung bleiben – aufs Dach des Häuschens springen, sich strecken. Alles wird noch lieber gemacht, wenn es dabei um Futter geht. Meerschweinchen in einer kleinen Gruppe regen sich immer auch gegenseitig an.

Geduld haben

Meerschweinchen brauchen manchmal eine Weile, bis sie eine Sache richtig kapiert haben. Wenn Sie den Farbentest (Seite 50) gemacht haben, werden Sie das sicher festgestellt haben. Geben Sie nicht so schnell wieder auf, wenn Ihre Meerschweinchen einfach nicht verstehen, was Sie denn eigentlich von ihnen wollen. Beobachten Sie, an welchen Stellen die Tiere sehr wohl bald begreifen, was sie tun müssen, zum Beispiel um an einen Leckerbissen zu kommen. Womit hängt das zusammen? Es muss ja auch die richtige Lernmethode für die kleinen Tiere sein.

Lernen Sie die Meerschweinchensprache

Wie klappt das eigentlich mit der wechselseitigen Kommunikation zwischen Ihnen und Ihren Meerschweinchen? Haben Sie denn – umgekehrt – verstanden, was die Meerschweinchen von Ihnen wollen, was sie Ihnen sagen wollen? Was sie sich von Ihnen wünschen? Was Sie, bitteschön, tun und lassen sollen? Damit fängt

alles an, und Sie haben als Mensch und Futtergeber viel mehr Möglichkeiten als das von Ihnen abhängige Tier.
Dass Sie die Tiere richtig gut kennen, ist die Voraussetzung, wenn Sie ihre Intelligenz fördern möchten. Ihre Sprache zu verstehen und darauf angemessen zu antworten, ihre Bedürfnisse zu befriedigen, sie gemäß ihrer Art zu behandeln, das ist etwas, was Tiere von ihrem Menschen einfach erwarten können.

Nur gesunde Schweinchen machen mit

Nur Meerschweinchen, die fit und gesund sind, werden sich überhaupt auf Spiele und Tests einlassen. Woran ist das zu erkennen? Wie ein rundum gesundes Tier aussieht, haben Sie im ersten Kapitel gelesen. Ihr Meerschweinchen hat auch gezeigt, dass es alle seine Sinne beisammen hat. Es ist an seiner Umgebung interessiert. Es kommt an, um sich Futter zu holen, und es frisst ohne Schwierigkeiten. Und es ist bewegungsfreudig. Beweglichkeit bezieht sich nicht nur auf die körperliche Seite, sondern auch auf die geistige –

auch wenn das bei Meerschweinchen etwas zu hoch gegriffen erscheint. Nur wenn alles mit Ihren Meerschweinchen stimmt, können Sie ihnen Ihre Spielideen und -vorschläge zumuten.

Wenn der Lerneifer fehlt

So wie Meerschweinchen manchmal nicht in Spiellaune sind, zeigen sie auch nicht unbedingt jedes Mal Eifer beim Lernen. Natürlich sind die jungen Tiere eher dabei. Sie sind quirliger und interessierter an ihrer Umwelt. In der frühen Kindheit spielen fast alle Säugetierkinder gern und lernen leichter. Im Lauf des Lebens verändert sich das. Auch die Neugier und das Sich-Einlassen auf Neues nehmen ab. Wenn Sie also ältere Schweinchen haben, bedrängen Sie sie nicht. Die Tiere haben einfach ein größeres Ruhebedürfnis und sind auch nicht mehr so beweglich.

Umlernen – nicht ganz einfach, aber möglich

Das ist schwierig, nicht nur bei Meerschweinchen! Da auch beim Lernen die frühe Kindheit wichtig ist, ist es gut, wenn in dieser Phase viele, und in vieler Hinsicht möglichst nur positive, Erfahrungen gemacht werden. Besonders entscheidend ist bei Tieren zum Beispiel die sensible Phase, in der Meerscheinchenjunge erleben, dass Menschen es nur gut mit ihnen meinen. Das wirkt sich prägend auf das ganze Meerschweinchenleben aus. Es ist aber nicht so, dass Meerschweinchen nicht umlernen können, wenn sie älter sind. Nur dauert es dann etwas länger.

Gezerre um Leckerbissen, das kommt vor unter Artgenossen! Wer gibt nach? Aber auch mit Menschen lassen sich Meerschweinchen auf diesen Wettstreit ein und setzen ihre ganze Körperkraft dabei ein. Ein herrliches Vergnügen!

Hausmeerschweinchen werden in vielen Rassen und Farben gezüchtet. Sie haben sich äußerlich deutlich verändert gegenüber den Wildmeerschweinchen. Die sind einfach noch cleverer, um in ihrer Welt überleben zu können.

Mit Heinz Sielmann zu den wilden Verwandten der Meerschweinchen

Die Klugheit der Tiere Wie schlau sind Tiere? Sagen Intelligenztests, wie sie zum Beispiel an Hunden durchgeführt wurden, etwas aus? Dürfen wir Tiere verschiedener Arten miteinander vergleichen? Vor allem sehen wir doch: Jedes Tier ist auf seine Art schlau. Bei Wildtieren, den Arten, die heute auf der Erde leben, können wir nur sagen: Ihre Strategien und ihr Lebenswille haben sie bis in die Jetztzeit gebracht. So schlau sind sie ja immerhin über Jahrmillionen gewesen, wenn sie nicht durch eine Naturkatastrophe oder durch den Menschen ausgerottet wurden, sich anzupassen und zu überleben.

Die ersten Hausmeerschweinchen wurden schon vor 3.000 Jahren in Peru gehalten – als Opfertiere und Nahrung. Bis heute werden sie dort auf Märkten angeboten. So wie bei uns auf manchen Bauernmärkten Kaninchen oder Hühner. Nach Europa kamen die ersten Hausmeerschweinchen vor rund 500 Jahren, zuerst vermutlich als teure Spieltiere für Kinder. Später wurden sie massenhaft als Labortiere benutzt, und das ist bis heute so. Wie klug aber sind sie gegenüber den Wildmeerschweinchen? Auch bei ihnen ist eine Domestikationserscheinung, dass ihr Gehirn kleiner geworden ist. Die wilden Verwandten sind cleverer, schneller und geschickter. Aber im Rahmen ihrer Möglichkeiten sind auch Hausmeerschweinchen klug, nur – damit wir ihre Klugheit sehen, müssen sie diese Möglichkeiten auch haben.

Test:
Wie schlau sind meine Meerschweinchen?

Beantworten Sie alle Fragen durch Ankreuzen der Kästchen in der Abstufung von

1 (Ja)
oder
2 (Nach einiger Zeit)
oder
3 (Nein)

Vorsicht! Bei Tests, für die Ihre Schweinchen durch eine Röhre laufen sollen, beachten Sie den Durchmesser! Er muss so groß sein, dass die Tiere auch dann, wenn sie rückwärts gehen und die Fellhaare sich gegen den Strich stellen, nicht stecken bleiben können!

1 Sobald ich pfeife oder den Namen eines der Tiere rufe, quiekt es oder quieken alle. — 1 2 3

2 Füllen Sie eine Kiste bis zum Rand mit Heu und verstecken Sie Leckerbissen. Setzen Sie ein Meerschweinchen in die Kiste: Sucht das Schweinchen danach? — 1 2 3

3 Wenn ich ein Schweinchen streichele, kommt es vor, dass es plötzlich mit einer Kopfbewegung meine Hand wegschubst. — 1 2 3

4 Wenn ich in einer Ecke des Vivariums mit der Hand im Heu raschele, kommen meine Meerschweinchen an oder eins von ihnen kommt. — 1 2 3

5 Meine Meerschweinchen haben eine Laufstrecke. Wenn ich einen Ast, Durchmesser etwa fünf Zentimeter, in den Weg lege, wird er übersprungen. — 1 2 3

6 Wenn ich den Meerschweinchen etwas Neues gebe, bisher unbekanntes Käfigzubehör, sind die Tiere neugierig und nutzen es. — 1 2 3

7 Bauen Sie ein Labyrinth aus Pappschachteln auf und verstecken Sie an einigen Ecken Leckerbissen. Lassen Sie jetzt ein Meerschweinchen durchlaufen: Geht das Schweinchen bis zum Ende durch? — 1 2 3

8 Legen Sie ganz ans Ende einer beidseitig offenen Röhre einen Leckerbissen: Laufen meine Schweinchen durch die Röhre? — 1 2 3

9 Legen Sie einem Meerschweinchen ein Plastikrohr hin, das mit einem Knick um die Ecke führt.
Meine Schweinchen trauen sich durchzulaufen. — 1 2 3

10 Meine Meerschweinchen kommen auf ein bestimmtes Wort hin angelaufen. — 1 2 3

Zählen Sie nun Ihre Punkte zusammen.

10 bis 14 Punkte:

Ihre Meerschweinchen sind schlau! Und sie scheinen neugierig und nicht ängstlich zu sein. Ein gutes Zeichen – für Sie, denn die Tiere scheinen bei Ihnen auch viele Möglichkeiten zu haben, ihr Verhalten zu zeigen.

15 bis 22 Punkte:

Ihre Meerschweinchen sind schlau! Sie zeigen durchaus Neugierverhalten, sind aber etwas zurückhaltend. Vielleicht kommen sie noch etwas mehr aus sich heraus, wenn Sie dafür die Bedingungen schaffen?

23 bis 30 Punkte:

Natürlich sind Ihre Meerschweinchen schlau! Sie sind leider nur ziemlich ängstlich. Schaffen Sie Vertrauen, indem Sie Rücksicht auf die Tiere nehmen. Und überprüfen Sie gewissenhaft, ob die Tiere wirklich ein gutes Leben bei Ihnen haben.

Service

Zum Weiterlesen und Weiterclicken

Empfehlenswerte Bücher

Beck, Peter Gesellige Meerschweinchen, Kosmos 2002
Beck, Peter Meine Meerschweinchen, Kosmos 1999
Hensel, Wolfgang Deine Meerschweinchen, Kosmos, 2001
Morgenegg, Ruth Artgerechte Haltung – ein Grundrecht auch für Meerschweinchen, tb-Verlag 2003
Sachser, Norbert Sozialphysiologische Untersuchungen an Hausmeerschweinchen, Blackwell Wissenschaftsverlag 1994

Zeitschriften

Ein Herz für Tiere Gong-Verlag, Nürnberg
Lebendige Tierwelt Bundesverband Praktischer Tierärzte, Frankfurt/M.
Rodentia Kleinsäuger-Fachmagazin, Natur und Tier-Verlag GmbH, Münster
Tier Bild Axel Springer AG, Hamburg

Internet

www.diebrain.de
Grundwissen über Meerschweinchen, vielseitige Tipps und Hinweise, weitere Links.

www.dmsl
Deutsche Meerschweinchenliste, Mailingliste zum Informationsaustausch unter Haltern und Züchtern.

www.meerschweinchen.de
Ausführliche Informationen, auch zur Meerschweinchenhilfe. Diese Seite gehört dem Verein Deutscher Meerschweinchenzüchter e.V.

Nützliche Adressen

Vereine

Meerschweinchenfreunde Deutschland (MFD) Bundesverband Deutschland e. V.
Postfach 25 02 22
68085 Mannheim
www.meerschweinchenfreunde.de

Verein der Meerschweinchenfreunde in Österreich
Oberzellergasse 1/17/9
A-1030 Wien
www.meerschweinchenverein.at

Vereinigung der Schweizer Meerschweinchenfreunde
Blattengasse 4
CH-8708 Männedorf
www.meerschweinchenfreunde.ch

Register

Bildnachweis

1 Farbfoto von Juniors Bildarchiv (S. 9 unten).
Alle weiteren 119 Fotos wurden von Ulrike Schanz extra für dieses Buch angefertigt.

Fotos von Heinz Sielmann mit freundlicher Genehmigung der Heinz Sielmann Stiftung

Verlag und Autorin bedanken sich ganz herzlich bei den Meerschweinchen und ihren Besitzerinnen für das tolle Mitmachen beim Fototermin.

Alexandra Brummer
Leuthenerstr. 16
81476 München
http://www.saltnpepas.de.vu/

Ilona Burkert
Curd Jürgensstr. 30
81739 München

Michaela Jüstl
Nesslwangerstr. 14
81476 München
http://www.hacuna-matata.de

Ein herzliches Dankeschön an die **Firma Kölle Zoo**, Stuttgart für das schöne Zubehör.

Impressum

Umschlag von eStudio Calamar unter Verwendung von Farbfotos von Juniors Bildarchiv (Motiv Vorderseite) und Ulrike Schanz (kleine Motive Rückseite und Umschlagklappen).

Mit 120 Farbfotos

Bibliographische Information der Deutschen Bibliothek
Die Deutsche Bibliothek verzeichnet diese Publikation in der Deutschen Nationalbibliografie; detaillierte bibliografische Daten sind im Internet über http://dnb.ddb.de abrufbar.

Gedruckt auf chlorfrei gebleichtem Papier

ISBN-13: 978-3-440-10242-8
ISBN-10: 3-440-10242-4
Redaktion:
Ute-Kristin Schmalfuss
Gestaltungskonzept:
eStudio Calamar
Layout und Satz:
Atelier Krohmer
Produktion:
Kirsten Raue / Markus Schärtlein / Tatyana Momot
Printed in Italy /
Imprimé en Italie